U0460212

大学生职业生涯规划与精准就业研究

邹佳帅 著

群言出版社
QUNYAN PRESS
·北京·

图书在版编目（ＣＩＰ）数据

大学生职业生涯规划与精准就业研究 ／ 邹佳帅著
. -- 北京 ： 群言出版社，2023.2
ISBN 978-7-5193-0803-2

Ⅰ．①大… Ⅱ．①邹… Ⅲ．①大学生－职业选择－研
究②大学生－就业－研究 Ⅳ．① G647.38

中国版本图书馆 CIP 数据核字（2022）第 256326 号

责任编辑：陈　芳
封面设计：知更壹点

出版发行：群言出版社
地　　址：北京市东城区东厂胡同北巷1号（100006）
网　　址：www.qypublish.com（官网书城）
电子信箱：qunyancbs@126.com
联系电话：010-65267783　65263836
经　　销：全国新华书店

印　　刷：三河市明华印务有限公司
版　　次：2023年2月第1版
印　　次：2023年2月第1次印刷
开　　本：710mm×1000mm　1/16
印　　张：11.25
字　　数：225千字
书　　号：ISBN 978-7-5193-0803-2
定　　价：98.00元

作者简介

     邹佳帅,毕业于南京师范大学,于 2009 年进入无锡开放大学做心理健康教育教师,在教学方面有较高的水平,教授的课程深受历届学生的喜爱,在学校中有良好的口碑和业绩;在 2017 年获江苏省高等学校微课教学比赛二等奖,2017 年 9 月获无锡市中等职业学校班主任基本功比赛个人全能一等奖,2018 年 6 月获江苏省职业学校班主任基本功研学提升活动个人全能二等奖,2020 年 9 月获评无锡最美教师,并在 2020 年 5 月获评校学科带头人。自任教以来,在校内主要承担“大学生心理健康”“职业心理与职业生涯规划”等多门基础理论课程的教学。在一线理论教学中能充分利用各种资源,对教学设计、备课手段、上课讲解艺术、作业布置安排的合理性等进行认真有效的探索研究,并付诸实践,所授课程得到了学生和同事的认可,并多次被评为优秀课程。

前　言

如今，大学生就业难与用人单位招聘难的供需矛盾日益凸显，大学生就业观不符合实际是主要原因，而其背后则暴露出高校对大学生职业生涯规划指导不到位的问题。高校应加强对大学生职业生涯规划的指导，使大学生树立科学的就业理念，提高就业能力，实现精准就业。大学生职业生涯规划是大学生在职业生涯理想和规划理论的指导下，对自己未来想要从事的职业进行选择、设计、实施、修改和完善的过程，有助于实现精准就业。

全书共七章。第一章为绪论，主要阐述了专业与职业、职业生涯规划、大学生职业生涯规划的意义等内容；第二章为职业生涯规划基本理论，主要阐述了职业选择匹配理论、职业发展阶段理论、职业生涯决策理论等内容；第三章为大学生的职业生涯决策，主要阐述了决策平衡单、职业生涯目标的设定与评估、SWOT 战略分析等内容；第四章为大学生职业生涯规划的设计与实施，主要阐述了大学生职业生涯规划目标的制定、大学生职业生涯规划的基本步骤、大学生职业生涯规划的常用方法、大学生职业生涯规划方案的制订、大学生职业生涯规划的实施等内容；第五章为大学生职业生涯规划的评估与修正，主要阐述了大学生职业生涯规划的评估、大学生职业生涯规划的修正、大学生职业生涯规划的管理等内容；第六章为大学生精准就业现状及影响因素，主要阐述了大学生精准就业现状和大学生精准就业影响因素等内容；第七章为新时期大学生精准就业的指导路径，主要阐述了大学生精准就业的必要性、大学生精准就业能力的提升策略、大学生精准就业指导的实践路径等内容。

为了确保研究内容的丰富性和多样性，在写作过程中笔者参考了大量理论与研究文献，在此向涉及的专家学者表示衷心的感谢。

最后，限于笔者水平不足，本书难免存在一些疏漏，在此，恳请同行专家和读者朋友批评指正！

目 录

第一章 绪论

本章分为专业与职业、职业生涯规划、大学生职业生涯规划的意义三个部分。主要包括专业、职业、职业生涯、职业生涯规划等概念界定，专业与职业的关系，职业生涯规划国内外研究现状等内容。

第一节 专业与职业

一、相关概念界定

（一）专业

汉语中的"专业"大致有两个方面的含义。一是指学业分类，例如高等学校的专业分类。高校专业是社会分工、学科知识和教育结构三位一体的组织形态，其中社会分工是专业存在的基础，学科知识是专业的核心，教育结构是专业的外在表现形式，三者紧密结合共同构成高校人才培养的基本单位。二是指专门性职业，广义的专业是指某种职业不同于其他职业的一些特定的劳动特点，狭义的专业是指某些特定的社会职业。

（二）职业

1. 职业的概念

从字面意思理解"职业"一词，"职"即职责、工作，"业"即行业、业务，它源于社会分工，是职能与行业结合后的总称。早期，大众普遍将职业简单等同于工作、岗位，仅停留在了职业的种类名称上。但随着社会分工日益复杂多变，人的发展性、可能性逐渐得到人们的重视，"职业"的内涵开始外延，并被看作一种持续性活动，是具备劳动能力的个体运用自己的知识、技能、态度从事社会生产服务，并为社会创造物质与精神财富，同时获取合理的个人报酬以满足自身物质与精神需求的过程。

我国"职业教育之父"黄炎培认为，"职业"一词可划分为两个方面：对己谋生与对群服务，具有"外适于社会分工制度之需要，内应天生人类不齐才性"的特征。周文霞将职业定义为：个体以满足个人精神追求并获得物质报酬为主要生活来源的在社会中所从事的有专门技术的工作。蔡霞认为，职业就是一份工作，一份个人利用自身所具备的知识与技能为社会做出一定的贡献，并借以获得维持物质生活需求和实现精神层面满足的工作。闫岩等人认为，职业是人在赚取满足生理需求的同时，和外界社会相互沟通并实现人生价值的活动。

美国教育家杜威认为，职业就是指任何形式的连续不断的活动，其实质是智力和道德的生长。从社会学角度来说，泰勒认为职业是一种模式，并且是与一定工作经验相关的关系总和。萨尔兹认为，职业是一项特殊的活动，能够使人获得持续收入，并且存在市场价值。他清楚地表明，这项特殊的活动也体现了从业人员的社会地位。还有学者认为，职业是任意工作的总称。

不同的研究者对职业定义的描述稍有不同，但是都认为职业是个人运用自身所具有的知识与技能去从事的对社会有贡献的工作，在为社会做出贡献的同时获得相应的物质报酬和精神奖励以满足个人生活的物质和精神需求。这些定义均体现出职业具有社会性、经济性、技术性等特征，是现代人从学校走入社会逐渐建立自己身份、角色的一个过程，与个体的生涯发展紧密相关，也阐明了个人、职业与社会三者之间的关系：个体通过职业活动推动社会发展，社会通过个体的职业活动给予个体稳定生活的物质来源和精神认可，实现个体与社会的同步和谐发展。

综上所述，可以将职业定义为从业者以特殊技能来满足自身经济需求、社会需求的活动，职业不仅仅是一份工作、一个谋生的途径，而且贯穿人的一生，同时具有技术性、经济性、社会性的特点。

2. 职业的特点

职业是社会分工的产物，被认为是一切相似性质工作的总和。随着社会的发展，职业种类也在不断增加，如酒店试睡员、旅游体验师、网红主播等。从上述来看，职业具有以下特点：首先，职业要满足从业者的生活需求，主要是经济方面；其次，职业是一种可以体现社会地位的活动；最后，职业存在着相对应特殊能力的特殊性。但是随着职业分工的细致化，以无边界职业、易变性职业为代表的职业持续性逐渐降低。

（1）经济性

从产生来看，职业是生产劳动分工的产物，是经济发展到一定程度后必然会出现的社会分工。

从个人生存来看，职业是个人获得经济收入的重要来源，是个人在社会中生存并维持家庭生活的重要手段。

从社会构成来看，职业是构成社会经济体运行的重要主体，职业生产所创造出来的劳动财富为社会发展奠定了必要的物质基础。

从经济发展来看，经济的发展可以促进社会分工的进一步细化，可以促进新职业的产生。如改革开放以来，我国房地产业、租赁业、保险业、广告业、旅游业等的产生，这些行业及行业内的职业是经济发展的重要结果。

（2）社会性

职业是社会进步和发展的产物，它反映了社会的分工和细化的社会分工，而每一种新职业的产生，都意味着社会的分工更加精细。人们从事着各种不同的工作，推动着社会的发展。

（3）技术性

职业的出现表示某项工作的开展需要由具体的人员来进行，而从事该项工作的人员应能很好地完成该职业的工作任务，要达到职业工作高标准的要求。因此，任何一个职业岗位都有具体的职责要求，需要从业者具备特定的知识和技能，主要体现在职业对从业者的学历、职业资格、专业技术水平、专业工作年限等的具体规定，只有合格者才能从事该职位的相关工作。

（4）群体性

一种新职业一定是因为许多人都在做一种特定的工作而出现的，而只有一个人所做的工作并不能被称为一种职业。在一个特定的岗位上，只有拥有一定的人数和被社会认可的情况下，才能被称为"职业"。因此，职业具有群体性特点。

（5）差异性

世界上有很多职业，每个职业都有自己不同于其他职业的特点，也正因为如此，才会有不同的社会分工，而每个行业的需求也会催生不同的职业，比如实验室研究员、律师、销售人员等，不同的职业表现出不同的职业性格，实验室研究员需要缜密的思维，律师需要沉稳的气质，而销售人员则需要活泼、开朗的性格。

（6）同一性

世界上的职业会存在各种差异性，这就导致了不同职业的存在，但是总有一些职业之间存在着相同或相近的特点，比如工作环境、工作条件等，这些职业之间也会有共通的语言，职业之间更容易获取认同感。

（7）发展性

人们的工作随着职业的变化而不断变动，社会经济、科学技术和文化的迅速发展必然会造成某些职业的消亡，但也会出现新的职业，所以职业的发展往往与社会的大背景保持一致。

二、专业与职业的关系

职业作为一种劳动分工，是从社会工作的类别来看的；而专业作为学业门类，是从学科与技术的角度进行划分的。

尽管专业与职业有很大的不同，但是两者之间也是密切相关的，专业是为职业设置的，拥有专业是人们从事职业的必要条件。一个人要想从事一项职业，首先要掌握与之相适应的专业知识、技能。人们学习专业知识和专业技能的目的也在于更好地胜任工作。如果说"职业"是人们的目标，那么"专业"就是实现这个目标的手段和工具。从经济和效率的角度来看，人们所选择的专业是职业目标所需的知识和技能；从专业和职业的相关性上讲，它们之间呈现出复杂的相关关系，可以概括为三种，即一对多的关系、多对一的关系、一一对应的关系。

（一）一个专业对应多个职业的关系

一个专业对应多个职业方向，是以专业为基础发展职业。人们常说的"宽口径，厚基础"专业，就是指这类专业。

学生在确定了专业方向后，需要确定适合自己发展的职业目标，并根据自己的职业规划，在学好专业的同时有针对性地学习和拓展其他必要的知识技能，通过选修、自学提高自己的综合素质。此种类型适合在学业规划时先确定专业、后确定职业目标的情形。比如影视动画专业，如果学生确定自己毕业后从事动画制作这一行业，那么就要在学习影视动画的同时了解整个影视动画制作流程，并针对其中的岗位进行学习研究；如果学生想成为项目经理或导演，则还需要对其他知识和技能进行有针对性的开发和学习，如角色模型、动画造型等。

（二）多个专业对应一个职业的关系

多个专业对应一个职业就是多种专业都可以发展为某一种职业的情形，即以专业为核心发展职业。在此种情况下，所选专业与职业目标虽然方向一致，但职业发展超出所学专业领域，也就是职业的发展不仅需要专业所属领域的知识和技能，还需要其他专业领域的知识和技能。

学生所学专业对个人职业发展有重要意义，但需要在学好本专业的基础上，同时辅修或自学自己规划要从事的职业所需的其他专业课程。这种类型适合先确定职业目标、后确定专业方向的情形，在学业规划时处于比较主动的态势。比如教师、科研人员、新闻记者、编辑人员、营销主管、企业管理人员等，这类职业所面向的专业可以有很多种。

（三）一个专业对应一个职业的关系

一个专业对应一个职业，即专业与职业高度相符。在这种情况下，个人的职业发展一直在所学专业的领域内，所选专业与职业目标相吻合，能够做到学以致用。这类专业的职业应用范围较狭窄，同时职业发展依赖本专业知识，两者之间存在特定的相互依附关系。

这类专业的学生在进行学习时，需要牢固掌握本专业知识，并及时关注本专业对应行业的发展情况，及时补充个人知识与技能储备。这种类型适用于确定专业方向的同时确定职业目标的情形，在学业规划时处于比较主动的态势，一般适合专业技术人员。

从职业概念中可以看出，一个职业的选择很大程度上取决于特殊技能。以大学生为例，"专业对口"是即将入职的大学生比较在意的一个方面，通过自己学习的特殊技能换得一份满足自己经济需求和社会需求的职业。但是，所学的专业有时并不适合自己，那这一部分学生会根据自己最佳的特殊技能去择业。一份工作便是一种生活方式，有的人择一业钟一生，有的人不断地更换工作。稳定的职业要陪伴从业者很久，影响着从业者的方方面面，包括家庭、社交、经济、情绪等，因此职业是否是自己感兴趣的、自己是否对职业有掌控感就显得十分重要。要实现这些，制定一份职业生涯规划就非常有必要了。

第二节 职业生涯规划

一、相关概念界定

（一）职业生涯

1. 职业生涯的概念

1953 年，在《职业生涯心理学》一书中，美国职业管理学家舒伯正式使用了职业生涯这一概念，并将其定义为一个人终身经历的所有职位的整个历程，同时比较全面地阐述了其早期的职业生涯发展理论。受此影响，国内外对职业的认识从内涵、理论上发生了转变，更加突出职业发展的延续性、长期性和复杂性。

目前职业生涯的概念仍然包含狭义与广义两种。狭义的职业生涯与狭义的职业有关，即一个人所从事的工作或拥有的工作经历。张德在《人力资源开发与管理》一书中指出，职业生涯是一个人首次参加工作开始的一生中所有的工作活动与工作经历按照编年的顺序串联组成的整个过程。而广义的职业生涯的概念更贴近"生涯"，它包括个人在生活、工作、情感、社交上的所有经历，联结着个人在不同情景、场合下扮演的各种角色。美国心理学家施恩还将其分为了内外两种：外职业生涯指从事一种职业时的工作时间、工作地点、工作内容、工资待遇等因素的组合与变化过程，且呈现出明显的阶段性特征，属于客观的职业；内职业生涯指从事一种职业时个人的知识、观念、经验心理、能力等因素的组合与变化过程，没有明显的阶段性特征，属于主观的职业。

虽然还没有统一的定义，但作为客观存在，职业生涯的基本含义可以概括为以下几个方面。

①职业生涯体现了"个人"概念，个人在事业中占据主要地位，职业生涯包括个人的工作经验和情感经验，具有个人独特性。

②职业生涯体现了"职业"概念，顾名思义，它一定与职业息息相关，包含一个人生活中与职业相关的各种活动和历程。

③职业生涯体现了"时间"概念，通常以入职前的职业学习为起点，直到结束劳动生活（退休）为一个完整的职业生涯周期。

④职业生涯体现了"动态"概念，一个人的职业生涯一定是丰富多彩的，不会一成不变，每个人的职位都会有调动，工作内容、形式都可能会随着时间的推移而发生改变，如行业变换、岗位升迁等。

职业生涯的概念在不同的学者眼中有不同的理解，目前我国比较有代表性的观点为：职业生涯是以心理开发、生理开发、智力开发、技能开发、伦理开发等人的潜能开发为基础，以工作内容的确定和变化、工作业绩的评价、工资待遇、职称或职务的变动为标志，以满足需求为目标的工作经历和内心体验的经历。职业生涯具有独特性、阶段性、发展性、终身性、整合性与互动性。

职业生涯是人的一生中的职业历程。人的职业生活是人生全部生活的主体，在其生涯中占据核心与关键的位置。人们一生的职业历程，有着种种不同的可能：有的人从事这种职业，有的人从事那种职业；有的人一生变换多种职业，有的人终身位于一个岗位上；有的人不断追求、事业成功，有的人穷困潦倒、无所作为。造成人们职业生涯的差异，有个人能力、心理、机遇方面的原因，也有社会环境的影响。

2. 新型职业生涯

随着劳动分工的细致化，职业生涯派生出新的概念，其中无边界职业生涯着重强调不受组织界限及其内部职位的限制。王丽梅通过概念比较归纳出无边界职业生涯的本质是不稳定职业，个人在不同组织中实现持续就业，用通俗的语言表示就是通过跳槽或职位换岗继续就业，这代表着新型职业生涯的出现。目前学者基于无边界职业生涯理论探究员工在各个方面的发展路径。

易变性职业生涯则强调主宰个人职业生涯的是个体自身而非组织，个体在必要情况下能够在任何时候重新开启职业，能够在各种组织、领域以及其他的工作背景下出入自由。举个例子，在现实生活中存在一种自由职业者，这种从业者不与供职单位签订正式的劳动合同，也不固定地在供职单位工作，凭借自己的特殊技能提供合法有偿的劳动，从而获得劳动报酬。

3. 生涯与职业生涯的关系

针对二者关系，目前没有学者进行专门研究，因此没有权威定论。但从现存观点来看，大致分为两类。

其一，认为生涯与职业生涯是同一含义，二者无任何差异，都是指在职业方面的生涯。

其二，认为生涯范畴要大于职业生涯，生涯是指个体在整个人生中涵盖的所有经历，包括家庭、婚姻、学校等，而职业生涯是指在工作层面的经历。在人的一生中，生涯要早于职业生涯出现，生涯是从人出生之际开始算起的，而职业生涯是从个体的第一份工作开始算起的。同时二者都是建构的过程，随着人的成长而不断积累。

根据舒伯的生涯彩虹图（见图1-1），可以看出舒伯更倾向于第二种观点。舒伯的生涯彩虹图分出了生涯发展阶段，不同角色与各个阶段交叉可以看出生涯特点，作为子女这一角色，从出生开始，到65岁结束，即在65岁时，父母都不在了，失去了作为子女的角色，中间空白要比两端大，是因为0～15岁在父母身边成长，而50～65岁陪伴父母更多，这两个时间段内子女这一角色更明显，其中0～5岁是涂满状态。个体在25～65岁作为工作者的角色几乎被涂满，意味着这是职业生涯部分。这是生涯彩虹图给我们传递的信息。可以看出生涯不局限于职业角色一种，还包括子女、学生等多重角色。

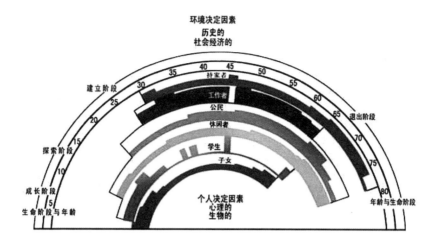

图 1-1　舒伯的生涯彩虹图

但由此可以发现,职业生涯发展不可能单独进行,因为作为工作者这一角色强化,其他角色势必会受到影响,因此,职业发展要兼顾其他方面的发展,才能完善自我。

(二)职业生涯规划

1. 职业生涯规划的概念

"职业生涯规划"一词最早起源于 1908 年的美国,是由弗兰克·帕森斯提出的"职业咨询"发展而来的。国外学者从不同角度对职业生涯规划进行了界定:最早巴克对职业生涯规划的定义更偏重对职业目标的选择和确定上,而到了后期,帕森斯在这一基础上加入了实施目标这一内容,海伍德则将职业生涯规划定义为选择职业目标并付出努力去实现目标,这一定义将"职业规划"一词与个人的整体生涯进行了融合,可以将职业生涯规划看作一个实现目标的过程,认识职业、学习职业技术、在此期间付出的辛苦都是这个过程中的一部分。

国内约从 20 世纪 90 年代开始对职业生涯规划进行研究,也有学者将其称为职业生涯设计。其中,大部分学者都将职业生涯规划与个体的未来结合起来解释,比如学者罗双平认为职业生涯规划不仅仅是简单的树立目标,还需要根据自身情况来制定适合自己的职业目标。所以,要根据自身情况和所处的环境来制定目标,既不能与自身条件相矛盾,也不能违背社会规律。学者王沛则认为职业生涯规划是学生对未来所做工作的一种合理畅想,希望未来从事什么工作,为了达成目标而做好计划并付诸行动。学者周建胜与学者王沛的理论存在一定的相似点,但在王沛的理论上更加细化。他认为职业生涯规划应该是通过审视自身条件和可能存在的潜力，在合理范围内依据自己的兴趣爱好和身体素质制定最适合自己的职业目标并实施制订的计划。

这些学者普遍认为个体对自己的认知并据此来制定合适的目标是职业生涯规划中最重要的。因此，职业生涯规划的定位为个体在审视自身情况、特长经历、优缺点、所处环境并进行评估分析后确定个人的奋斗目标，为实现这个目标制订相应的计划安排并在实现目标的过程中及时修正自己的目标和态度。

2. 职业生涯规划的原则

①清晰性原则。职业目标或其他措施的描述是否清楚，实现这一点的步骤应该直接准确。

②挑战性原则。职业目标或实施具体措施是否具有挑战性，还是仅仅停留保持在原来的状态。

③变动性原则。一个目标或措施都要具有一定的弹性，缓冲力或可以进行调节，或可以继续进行，有可能会根据当前环境发生的变化而对其进行相应的调整。

④一致性原则。主要的目标是否与分目标一致，目标或措施是否符合实践。个人的目标就是组织发展方向。

⑤激励性原则。目标设定是否与自身的性格、兴趣及专长相适应，是否有内在激励效果。

⑥合作性原则。个人目标和他人目标之间是否存在合作和协调关系。

⑦全程原则。在制定职业生涯规划的过程中，必须对整个职业发展过程进行全面考虑。

⑧具体原则。对职业生涯规划阶段的路线进行分类安排，必须具有可行性。

⑨实际原则。人生的目标有很多种，在制订计划的时候要综合自己的特点、社会环境、组织环境以及其他有关因素，选择合适的方式。

⑩可评量原则。规划设计时间的限定应有规范或标准，以便对其进行评估和检验，使自身随时掌握实际情况，并为修正规划提供参照依据。

3. 职业生涯规划的步骤

职业生涯规划是职业者自身与其所在单位共同的责任，需要双方共同努力完成。职业者是职业生涯规划的主体，必须切实参与到自身的职业生涯规划当中来，因为只有职业者自身才清楚自己的职业兴趣、发展意向以及自己想要从工作中获得什么。单位需要与职业者进行沟通，了解职业者自身的潜能、优势、劣势以及其职业目标等信息，结合单位的发展目标，为职业者制定合适的职业生涯规划，提供相应的职业发展机会，实现两者目标的统一。单位在进行职业者职业生涯管理的过程中，需要制订并不断完善实现目标的计划与措施，包括教育、培训、轮岗等实施计划以及相应一系列行之有效的具体措施。设计一份完整的职业生涯规划主要通过以下步骤实现。

（1）个人条件评估

职业生涯规划设计的有效性需要建立在职业者对自身以及单位对职业者的全面了解的基础之上。职业者需要对自己的职业兴趣、职业需求、性格特点、专业水平等有一个清晰的认识和了解，只有能够客观地评价自己，才能明确自己适合的职业发展路径。单位在这个过程中，需要帮助职业者更全面、更客观地进行个人条件评估，同时单位也应当对职业者进行能力、潜力、综合素质等方面的评估。单位可以通过职业者的工作表现、个人评估结果以及借助各类评估工具帮助职业者增进自身了解的同时，确定职业者可能的发展路径。

（2）发展机会评估

职业者在基于对自身条件的了解之上，还要对自身所处环境进行全面客观的了解与分析，包括行业发展态势、行业发展机会、单位发展形势、单位发展机会等方面。单位需要在自身的发展趋势、发展目标、用人需求等方面的基础之上，明确可以提供给职业者的发展机会，帮助职业者确定其可能的发展路径。

（3）确定发展目标

职业发展目标是一个人职业生涯发展路上的指南针，是实现个人职业生涯发展的基本前提。确定个人的职业发展目标是职业生涯规划的关键，在进行职业生涯规划时，需要格外重视。职业者的职业发展目标通过职业者自身的各种条件确定，但同时也在很大程度上受到所在单位的客观限制。单位能否给职业者提供更多的职业选择、发展路径是职业者确定自身发展目标的重要条件，单位内部的职位信息是否通畅也影响着职业者对环境了解的全面与否。因此，在职业者职业生涯规划设计乃至实施的整个过程中，单位需要让职业者充分地了解到各个岗位、各个部门的职位信息、职位要求，保证在单位内部的信息沟通渠道通畅，同时，设定清晰具体的考核评估体系，让职业者清楚自身与目标之间的距离，明确自身的发展方向。

（4）制订实施计划

在确定职业发展目标之后，需就如何实现发展目标而制订一些具体可行的计划。要明确清楚自身现有水平和发展目标之间的差距，制订相应的计划，一步一步地将差距缩小至目标实现，做什么、怎样做是这一阶段的重点。单位在此时要不断地关注并帮助职业者制订实施计划，给予合适中肯的策略建议，帮助职业者实现逐步成长，实现个人的职业发展目标。

（5）及时调整纠偏

随着行业、单位、个人的不断发展，职业生涯规划中的各个因素也会随之发生变化。在职业生涯规划的实施过程中，职业者个人可能会面临发展路径的变化乃至职业目标的修正，单位在职业者的工作过程中可能也会改变对职业者的认识与判断。职业者在职业生涯规划的具体实施过程中，需要定期向单位反映现有情况，并进行调整与修正，以实现自身职业生涯发展中的不断成长与单位的稳步发展。

4. 职业生涯规划的阶段

整个职业生涯规划通常分为三个阶段：短期规划、中期规划和长期规划。

①短期规划，总体计划将在 3 年内完成，主要目标是确定近期的计划，确定最近完成的工作计划以使得总体计划按规划进行。

②中期规划，期限一般是 3～5 年，在近期目标确立的基础上进行设计。

③长期规划，总体规划期限为 5～10 年，关键的总体目标是制订一个相对长期的发展计划。

（三）大学生职业生涯规划

1. 大学生职业生涯规划的概念

大学生处于接受学校教育的阶段，虽然会进行各种社会实践，例如，兼职、志愿者活动、创业实践，但尚未完全进入职场，个人需求还未与组织需求产生矛盾，因此从主体上看，大学生职业生涯规划是一种个人职业生涯规划，是大学生通过对自身和外部环境的了解，为自己确立职业方向、目标以及发展道路，并为实现目标而制订方案的规划过程。大学生开展职业生涯规划，可以从多方面入手。一般涉及学业规划，包括专业选择和知识技能的学习，以及社会实践。另一种分类将大学生职业生涯规划的内容分为学习培训、专业技能培养、人际关系沟通、企业文化融合等方面。同时，受教育年限和培养计划的影响，大学生职业生涯规划的时间范围通常为 3～5 年，属于中短期规划。

综上所述，可以将大学生职业生涯规划理解为：学生在大学期间在剖析自身兴趣、经历、优缺点、所处环境的基础上，结合学习与实践知识，制定自己的职业发展目标并根据此目标对自己的学业和生活进行有效安排，并在实现目标的过程中及时修正计划和目标。

2.大学生职业生涯规划的特点

①可行性。大学生职业生涯规划的基础既不是一个事实，也不能是一个美好的幻觉，否则就会延误大学生职业发展的良机。

②行动的及时性。根据总体计划对未来行动进行预测分析，明确未来的总体目标，何时逐步开展各种关键活动、何时完成，应有科学合理的时间安排和程序作为检查行动的依据。

③适应性。在规划自己未来职业生涯的总体目标时，会涉及多种不变的因素，因此在规划时目标一定是具有弹性的，以提高自己的适应力。

④连续性。大学生的职业生涯规划在各个发展时期都应该有一定的连续性和衔接性。

二、职业生涯规划国内外研究现状

"职业生涯规划"这一概念源自国外。在一些发达国家，人们从儿童时期就开始进行免费的职业生涯规划，这改善了学生在就业方面的竞争压力，并在一定程度上提高了社会的资源效率。但是，中国引入"职业生涯规划"的概念较晚。

（一）国外研究现状

20世纪初，美国首先开始了关于职业生涯的研究。在工业革命的影响下，市场大量专业职位需求增加，而那些没有工作、迷茫无助的无业者又急需一份工作，供需之间的这种不平衡催生了"职业指导"。波士顿大学教授帕森斯于1903年开始宣传"职业指导"概念，并于1909年出版了《选择职业》一书，此时，"职业指导"才正式进入科学研究时期。在当时，职业指导主要针对就业困难的社会青年展开，后来逐步带动了相关专业技能的教师培训，并推动了美国境内大、中、小学开展职业指导。1913年，美国正式成立了国家职业指导学会。尔后，随着心理学、组织学等学科以及人本主义、后现代主义哲学的发展，职业指导相关理论实践大体上经历了一个从"静态到发展""指导到辅导""职位到职业""工作活动到生活整体"的变化过程，这才逐渐有了如今国内外都在开展的生涯辅导咨询、职业生涯规划教育。

1. 理论研究现状

20 世纪初的职业生涯理论正处于萌芽阶段，其中以特质因素理论为代表，也称人职匹配理论，代表人物有帕森斯、威廉斯。该理论的核心观点是"运用心理学中的测验量表为个体匹配最适合的职业类型"，因此特别强调个体特质，包括人格、兴趣、智力等方面与工作之间的联系，从而使职业指导达到一定的预测作用。经典的特质因素理论有帕森斯的职业指导"三步范式"，以及 20 世纪 60 年代逐渐成熟的霍兰德人格类型论指导下的"职业兴趣理论"。不难看出，这一时期的职业生涯理论过于线性化地看待人与职业之间的关系，忽视了社会环境中各种复杂因素对职业选择的影响。

20 世纪四五十年代，受人本主义思潮，尤其是以罗杰斯为代表的人本主义心理学的影响，职业指导逐步向职业辅导转变，开始注重咨询者的自主性、差异性。同时，职业生涯理论也开始转向关注个体如何在发展的不同阶段适应不同的心理和社会环境，且一次的职业选择并不能决定终身的职业归宿。在这一趋势下产生的职业生涯发展理论，其特点在于从个体的角度出发，以不同生命周期标准来划分职业发展阶段，目的是帮助个体根据自身的成长经历和发展特点，更好地选择合适自己的职业。提出职业生涯发展阶段理论的金斯伯格根据儿童到青少年的职业心理将职业生涯划分为三个阶段：幻想期、尝试期、现实期。舒伯在其基础之上，以年龄为标准，划分出了更长的职业生涯发展阶段。但由于职业生涯发展理论只划分出了一个大概的阶段区间，存在流于标准化、形式化的问题，因而又显得过于机械，对于个体和组织的环境适应力仍然是极大的考验。

20 世纪末至今，随着经济全球化以及信息技术革命的影响，市场竞争加剧了组织外部环境的不确定性，具有长期性、稳定性的传统雇佣关系逐步被短期、灵活的雇佣方式代替，拥有极强适应力、生命力的员工更受人力市场的青睐。在这样的背景下，美国职业辅导实践与研究的资深学者萨维科斯教授于 2002 年正式提出了生涯建构理论，该理论结合社会心理学、个体建构主义和后现代主义等多种视角，区别于传统的"以社会职业规范为标准的职业选择"，关注"以个体经验、感受和未来抱负为参考进行职业生涯建构"，成为当代职业生涯理论的"流行趋势"。同时，生涯建构理论还以其独特的叙事研究模式弥补了传统职业生涯理论依赖工具和一切既定不变的职业划分的缺陷。

2. 职业生涯规划课程的研究

马兰德认为，教育发展要严格遵循利于学生生涯的原则。全美学校高度重视职业生涯规划教育，各个州都采取不同的政策，学生必须参与相关课程，要基于利于自身发展的原则进行选择，进一步发挥教育的实效性，鼓励学生个性化发展，提倡学生充分发挥自身价值，促进社会持续健康发展。萨柏提出了终身职业生涯发展观，要求高度重视人生的总体生涯发展，不简单地拘泥于传统的职业指导和职业规划，积极谋求社会发展与个人发展的一致性，积极探索生涯发展与生涯规划模式。现阶段，社会发展日新月异，西方国家高度重视生涯规划教育。

3. 职业生涯规划教育研究现状

国外的职业生涯规划教育经过长时间的探索发展已经基本形成了国家、社会、学校、企业、家庭为一体的成熟完善的网络化格局，各机构、各部门相互配合协调，使职业生涯规划教育得以科学、有效、连续地开展，使就业问题得到妥善解决并得以良性发展，成效显著。国外职业生涯规划教育的发展总结起来有以下几个优势。

（1）完善的法律与制度

很多国家都为职业生涯规划教育制定了完善的法律和制度，如美国的《生计教育法》《从学校到就业法案》，日本出台了《学习纲要指导》，澳大利亚出台了《职业发展纲要》，瑞士出台了《联邦职业和专业教育及培训法案》，这些法律的出台极大地推动了职业生涯规划教育的发展。这些法律措施及相关制度安排合理，非常完善，将职业生涯规划教育内容作为学校强制性的教育内容。比如在美国，政府把《生计教育法》和《从学校到就业法案》上升到国家立法的高度。1994 年，当时的美国总统克林顿还签署了《从学校到工作机会法》。有了这些法律与制度的保障，职业生涯规划教育就可以作为强制性的教学内容，在全国推行起来，既有法可依，又具体可行，同时完善的法律制度又给财政支持带来强有力的保障。

（2）国家级管理机构

不少国家为了保障职业生涯规划教育专门设立了国家级管理机构，从国家的高度进行管理。例如，1987 年美国国会通过立法成立了国家职业信息协调委员会，由教育部、劳工部、商务部、农业部、国防部的 9 位副部长和署长组成，阵容强大。瑞士是一个联邦制国家，各州可以独立管理本州事务，但是瑞士政府非常重视职业生涯规划教育，要求联邦政府与各州共同管理，成立了瑞士联邦职业教育与技术办公室，隶属于联邦经济事务部。这个部门根据国家对职业教育的要求，负责制定各项职业教育和培训政策及发展计划，各州设立了职业教育办公室，负责对本州的职业教育和培训机构进行监督。

（3）完整的框架设计

日本在职业生涯规划教育的框架设计和分层的教育内容方面做得很好，值得借鉴。日本的国家教育政策研究所中小学指导研究中心开发了《培养劳动观和职业观的计划框架》，从内容来看包括人际交往能力、信息活用能力、对未来的设计能力、计划与决策能力等，针对学生的年龄特点设计了细致分层的能力和态度表现，非常具体，操作起来非常方便。

（4）职业规划教育起点早

在美国，职业生涯规划教育从6岁开始，并贯穿小学、初中、高中、大学。英国的职业生涯规划教育从11岁开始，教育与技能部制定了"全国生涯教育框架"。德国要求教师带领幼儿和小学生以模拟职业的形式进行各种有趣的活动。日本则倡导从幼儿园、小学到初中、高中、大学都要渗透职业生涯理念，每个阶段的教育都为学生的出路做了充分的准备。澳大利亚很多小学都利用自身条件开设了各种职业的实训室，如铁工、木工、厨师、美发、面点师等。因此，从早期开展职业生涯规划教育是多数国家共同的经验，这让大多数学生到了高中阶段就已经对自己的职业能力和兴趣有了一定的理解，能初步确定自己未来的职业倾向。

（5）师资队伍专业

美国、日本、澳大利亚、德国、加拿大等国家对从事职业生涯规划教育的教师的师资有严格要求，他们不仅为学生配备具有高学历的专职教师，还对专职教师进行定期培训和考核，这样可以保证学生能接受到最合格的、与时俱进的生涯教育。比如，加拿大政府要求从事职业生涯规划教育的咨询师必须具有教育学、心理学、咨询学或者相应的人文社会科学的博士学位，并且还要具备一定年限的工作经验，指导教师和管理员要求具备人文科学方面的硕士学位。英国教育与技能部要求所有公立学校安排专门的教师担任"生涯协调员"，负责职业生涯规划教育的指导，同时还要协调和校外的职业官员合作开展工作。

（6）强有力的企业支持

职业生涯规划教育需要大量的切身体验和实践环节来支撑，因此需要丰富的社会资源作为基础。瑞典、美国、德国、瑞士等国家在这方面做得非常好，企业的责任得到了充分的发挥，每所学校都与周围的企业有着密切的联系，这给在校学生带来了许多到企业学习、实践的机会。例如，瑞典政府通过统一协调，高中与高等学校、行业协会、企业、工会、职业介绍所建立了稳固的联络渠道，这些机构会定期给学生提供职业信息和实习培训机会。瑞士的企业非常重视学校的职业生涯规划教育，积极主导各项目。在瑞士大约有三分之一的企业承担了学徒培训，为在校学生提供了大量的实习岗位，同时还发挥着培训教师的作用，企业还会支付学员部分实习工资。为了感谢和激励企业积极参与职业生涯规划教育，各州的职业教育办公室每年会向参与学徒培训的企业颁发一枚徽章，感谢其参与培养专业人才。

4. 大学生职业生涯规划的研究现状

针对大学生群体进行的职业生涯规划研究成果非常丰硕，其中较多集中在美国高校。尚克（Zunker）在《生涯发展的理论与实务》一书中详细介绍了美国佛罗里达大学自 1975 年开设的"职业信息服务课程"，这门课程主要采用辅助材料和多媒体方式来帮助学生进行职业规划。达雷尔（Darrell）的研究发现，美国大学生职业规划的重点在于激发自己的兴趣爱好和能力，而并不是将专业对口放在第一位。

除了对美国高校学生的研究，也有不少学者从影响因素的角度对国际生和不同国别大学生展开职业生涯规划影响因素的相关研究。恩珠（Eun Joo）等人在《拓宽全球视野：国际学生职业生涯规划的发展》中分析了国际学生这一群体在规模和文化差异上的特殊性，明确了对该群体进行职业生涯规划培训的必要性。费舍尔（Fisher）等人在 2011 年发表《父母对非洲裔美国人和墨西哥裔美国大学生职业发展的影响》一文，并得出结论：父母的鼓励、教育期望、关键生活事件、替代学习和职业认同等因素都会对大学生的职业规划产生不同程度的影响。

针对高校不同专业大学生的职业生涯规划，普雷哈尔（Prehar）等人基于大学生职业发展模型对心理学专业的本科学生进行了更具针对性的职业生涯规划演讲并进行了相关记录和评估，结果表明与大学生专业相关的职业生涯规划培训更能引起学生的兴趣。舒特斯（Shurts）和肖夫纳（Shoffner）在 2004 年针对高校学生运动员群体进行了有关职业生涯规划的研究，提出将职业咨询学习理论融入高校学生运动员的职业咨询中可以帮助这些学生探索抓住职业机会的新方法。

（二）国内研究现状

随着就业难问题的出现，我国学者开始在高等教育中研究职业生涯规划的理论。从学术研究的角度看，我国关于职业生涯规划的研究虽然起步比较晚，但也获得了一定的成果。

1.我国职业生涯规划研究的发展历程

我国职业生涯规划研究的发展分为四个阶段：初步探索阶段、停滞阶段、恢复发展阶段、快速发展阶段。

（1）初步探索阶段（20世纪初—新中国成立前）

20世纪初，基于当时经济落后、人才缺口巨大的国内形势，在西方职业指导运动的影响下，一些有志之士开启了职业生涯规划教育初步探索。1916年，清华大学校长周寄梅先生最先提出"职业指导"，随后建立职业指导机构并开发教材，以指导学生升学与择业。1917年，最早倡导职业指导的社会组织——中华职业教育社（简称"职教社"）成立。其机关刊物《教育与职业》中设有"职业指导专号"，专门介绍国外先进的职业指导经验，并成立专门的职业指导部，规范和领导全国职业指导工作的开展，为我国早期职业生涯教育事业的发展奠定了基础。在后来的二十多年里，各学者在职业指导理论和实践方面潜心研究并做出贡献，但由于当时内忧外患的动荡时局，大多职业指导理论没能得到实践。

（2）停滞阶段（新中国成立—改革开放前）

新中国成立以后，在计划经济体制下，国家大包大揽、统一安排，统一分配工作。人们在"铁饭碗"的保证下，老有所养，后顾无忧，个人不需要进行职业生涯规划。在这段时间里，我国的职业生涯规划教育几乎处于停滞不前的状态，直到党的十一届三中全会召开，我国的职业规划研究才有了新的转机。

（3）恢复发展阶段（改革开放—1993年）

1978年，党的十一届三中全会召开，我国的经济体制开始由计划经济向社会主义市场经济过渡。在改革开放方针的指导下，国民经济迅速发展，原先的国家包分配制度被打破，多种就业形式得到发展，为职业生涯教育带来很好的发展机遇。

（4）快速发展阶段（1994年— ）

从1994年国家颁布的《九年义务教育全日制小学、初级中学课程方案》《现行普通高中教学计划的调整意见》中提出在中、小学开设职业指导课，到1995年颁布的《关于在高等学校开设就业指导选修课的通知》中明确要求各地高校开设就业指导课程，再到1996年9月1日开始施行的《中华人民共和国职业教育法》将职业指导以国家法律条文的形式呈现，我国的职业生涯规划教育才真正步入快速发展阶段。进入21世纪后，职业生涯规划教育备受关注，许多学者结合我国国情，研究出适合我国学生的职业生涯规划教育途径和方法，促进了学生的就业和发展。

2. 大学生职业生涯规划的研究现状

（1）大学生职业生涯规划的影响因素研究

受跨领域研究趋势的影响，学者们将教育学与心理学、社会学等学科结合，通过使用多种方法、多种视角研究探讨出了影响大学生职业生涯规划以及大学生职业生涯规划教育的多方面因素，为大学生个人的高效就业、职业生涯发展以及高校开展职业生涯规划教育提供了多种参考。

在教育学领域，对大学生职业生涯规划影响因素的探讨、研究通常从纵、横两个维度展开：横向包括年级、专业、实践经历等，纵向包括辅导员、校园文化、思政教育等。徐艾学在实地调查与实证研究中发现，大学生职业规划在不同年级之间存在差异，职业期待度方面低年级较高，在职业认知度方面高年级较高。姜明伦以及王琛发现专业满意度越高，个人越可能制订明确的职业生涯规划。因此高校职业生涯规划教育要考虑个体发展的阶段性、差异性，为大学生转专业或辅修第二专业创造条件。当前除了专门的职业生涯规划课程，思政教育也在高校职业生涯规划教育中扮演着重要角色。竭岸扬提到职业生涯规划教育是新时期、新形势下辅导员开展思想政治教育的新途径，辅导员同时兼任引导者、管理者、教育者等多重角色，既是老师同时也是大学生的朋友。这一角色优势有利于辅导员在开展职业生涯规划教育时更加关心、贴合学生实际需要，为学生提供高效优质的指导和信息服务。

在教育学与心理学结合的领域，学者们通常从大学生职业生涯规划内容的具体维度（例如职业决策、职业生涯探索、职业成熟度）及个体内在影响因素（例如人格、情绪、心理资本）方面进行研究，其结果对于高校职业生涯咨询与辅导以及相应体系的构建具有重要意义。曲可佳、鞠瑞华以及邝磊、郑雯雯、林崇德等人通过实证研究发现，主动性人格的大学生能主动适应环境、积极行动，无论在怎样的环境下，都对自己成功就业抱有信心，进而会具有职业决策自我效能感，影响职业决策过程和职业的获取，并以此方式坚定自己的职业生涯信念，表现出积极的职业探索和决策行为。另外，宗正、刘伟臻等人还发现职业决策过程中的职业数量过多会加大认知负荷，会影响大学生的情绪状况，所以除了要引导大学生学会调控情绪，同时还要控制职业选择的数量。以上无论是主动性人格还是正向情绪，都是个体面对困难所需要的信念和积极的心态，属于积极心理学关注的核心概念——心理资本。陈菁的研究结果显示，大学生的心理资本会正向影响大学生职业规划能力，心理资本越高，越能够灵活运用内外环境认识自我和职业，并且能够积极进行探索、制订和管理计划。

（2）大学生职业生涯规划课程研究

由于高校职业生涯教育课程是整合一切职业生涯教育目标、内容、方式并保障职业生涯教育有序开展的核心，是高校人才培养的关键环节之一，因此也成为学者们研究大学生职业生涯规划的重点领域。关于职业生涯教育课程的研究，目前主要集中于目标、实施以及评价三个方面。

职业生涯规划课程教育目标方面，王琼与王新羿从社会学习理论的视角出发，提出该课程的目标主要包括：在态度上要学会适应复杂环境，保持积极心态和探索意识；在知识上除了要了解专业知识，还要了解自己、了解市场，结合经验建立自己的生涯规划；在技能上，要掌握自我探索、信息获取、问题解决以及生涯决策的技能，还要学会人际交往技能。

职业生涯规划课程实施策略方面，职业生涯规划课程的开展依赖于传统的就业指导课。但杨国龙在探讨高校就业指导课的本质时认为，为针对性地解决大学生就业难的问题，就业指导课的开设从一开始就被赋予了"功利性"目的。这一临时性的措施难以培养学生在就业竞争中真正所需的"综合素质"，因而也就无所谓真正的职业生涯教育。张文认为职业生涯规划教育实施除了要有正确的课程观、课程目标和内容以外，还要有科学的活动方式，要坚持"全程全面"实施原则，针对不同年级开设有连贯性的不同课程，积极结合咨询服务、同辈相助。周文洁和李根强更是创造性地提出在职业生涯规划课程中设置实验课，根据职业生涯教育体系的不同部分按照不同方式进行。例如在自我探索环节，借助相关心理测验工具形成报告；在职业探索阶段，学生通过访问、实习的方式形成各自不同的职业探索报告，课上以讨论方式分析、分享信息。

课程评价方面，多数学者认为当前以终结性评价为主，忽略了过程性评价，存在评价方式单一、缺乏科学的评价标准、忽视学生主体性作用和发展，以及难以发挥评价的激励、反馈和管理作用等问题。为了扭转这种局面，不同学者试图从不同角度探寻有效评价的内容与方式。李仁伟、王力尘等人按百分比划分的方式提出了课程考核的方式，其中平时课堂成绩和全程动态评价各占10%，自我认知考查占20%，社会认知考查和自主职业生涯规划各占30%，按比例突出考核内容的重要程度，以避免平均施力。黄欢则将档案评价与信息化平台结合，提出高校可以建立电子档案，一方面可进行个性化过程性评价，另一方面信息化也可实现便捷式管理。

第三节 大学生职业生涯规划的意义

一、培养大学生的职业生涯规划意识

这是我国现代社会与经济进步的基本要求。当今社会充满了很多的"机会"和"选择"，高校学生在这些"机会"和"选择"面前不能对自身的职业生涯进行合理规划，就业就没有目标性。学生面对所从事的工作岗位上的种种困难还没有做好相应的心理准备和技能准备，工作的流动性大。这对学生个人和企业的长期健康发展都非常不利，对于社会的教育和投资是一种浪费，自然也不能促进社会与经济的进步。

所以对大学生进行职业生涯规划教育能够让学生尽早形成对自己的职业生涯进行规划的概念与意识，让学生对自己有全面的认识，对目前社会的就业状况有更深入的了解，更好地将个人能力与职业相匹配。同时学生的就业观念也会更务实，从而促进学校就业率的提升，并且实现"人尽其才，教尽其用"。

二、有利于大学生确定明晰的职业奋斗目标

针对自己的优势和职业生涯制订适当的总体计划，将会更加有利于寻找到自己人生真正的使命，明确每一个人的奋斗目标。我国有一句老话"凡事预则立，不预则废"，职业生涯规划是我们取得事业发展和成功的重要引路器。美国哈佛大学进行的一项追踪科学研究的结果表明，没有明确目标的生活道路或者职业发展方式是很难取得成功的。实际上，只有4%的人认为他们可以取得成功，而他们取得成功的最大相似处是他们很早就已经为自己的人生道路或者职业生涯确定了明晰的目标，并且一直不懈地努力。

三、有利于提高大学生的就业质量和竞争力

2019年全国高校毕业生834万人，2020年全国高校毕业生874万人，高校毕业生人数不断攀升，就业岗位却并未大幅增加，高校毕业生就业形势则更加严峻。职业院校虽然就业率连年增长，但是仍然存在很大的就业压力。除去每年创新高的应届毕业生人数外，更主要的是企业在招聘员工时存在一定的偏向性，更喜欢招收学历更高的员工。一些本科毕业生就能胜任的工作岗位，用人单位却将应聘最低学历要求定为本科及以上学历。这使得本科毕业生在就业市场中处于不利地位。

2021年1月，教育部印发的《本科层次职业教育专业设置管理办法（试行）》提出"应届毕业生就业率不低于本省域内高校平均水平"，对于处于起步阶段的本科层次职业教育而言，如何在与省域内众多经过长期发展的普通本科院校及高职院校的就业率的比较中交出一份令国家和人民满意的答卷，是一个必须重视的问题。而开展有效的职业生涯规划教育正是高校毕业生顺利就业的前提和保障，能够在很大程度上提高他们的就业竞争力。

在学校积极推进职业生涯规划教育的过程中，不少教师和家长还有学生自己根本没有意识到职业生涯规划教育的重要性。事实上接受了职业生涯规划教育指导的学生不一样，他们知道下一步的目标在哪儿，他们有学习计划，他们的心智更加成熟。所以，在中职学生中开展职业生涯规划教育有助于学生心智的成长，有助于提升学生的学习动力。职业生涯规划教育能够加深大学生对职业生涯规划的认识，提高对自己的认识和定位，提升学生的职业素养。能够培养学生实现自我价值的能力，激发他们的学习兴趣，影响着他们的学习态度和学习目标。这关系到他们未来就业的质量，也关系到他们是否能成为社会需要的人才。引导大学生树立正确的职业方向和目标，有助于培养学生的职业意识，提高学生的就业能力、决策能力，帮助学生顺利择业、就业，有利于他们找到自己擅长的、感兴趣的、符合自己个性的工作，有利于他们在工作中获得更多的成就感。所以开展职业生涯规划教育对提高学生的就业质量有着重要的作用。

职业生涯规划教育有利于塑造、培养和提高大学生的就业竞争力。由于我国目前正在经历社会转型和社会变革，学生的就业压力很大，竞争尤为激烈。"物竞天择，适者生存"。许多年轻学生在找工作时茫然不知所措，不了解自己应该选择哪一份工作，在处理某些就业岗位和机会时，他们又不了解自己做得是否真的正确，也没有自己的人生计划，从未尝试过思考下一步应该怎么走。在学生制订了自己的职业发展总体计划后，自己到底想要什么，应该如何着手去做，便更加清楚明了。根据每个人制订的自己的职业发展计划，在他们的生活、学习、工作中，他们都会积极主动地借鉴和运用知识，锻炼自身的能力，鞭策自己不断努力，便永远不会迷惘、困惑、无所事事、无从选择。此外，也提高了自身的竞争力，敦促自己在激烈的市场竞争中站稳脚跟，而且不用为自己英雄无用而感叹。

确定适合自身的职业生涯规划是新时代对社会经济发展的新要求。学生通过评估自己的目标和现实之间的差距，寻求一种缩小这种差距的途径和办法，然后增强自己的职业竞争力，为今后一生的职业发展打下坚实的基础。

第二章　职业生涯规划基本理论

本章分为职业选择匹配理论、职业发展阶段理论、职业生涯决策理论三个部分，主要包括职业选择匹配理论中的特质 - 因素理论、人格类型理论、人格发展论，职业发展阶段理论中金斯伯格、舒伯、萨维科斯、施恩等的理论，职业生涯决策理论中彼得森、班杜拉、克朗伯兹的理论等内容。

第一节　职业选择匹配理论

一、帕森斯的特质 - 因素理论

帕森斯特质 - 因素理论被认为是现代专门研究职业生涯规划管理的最悠久的理论，它起源于对官能性社会心理学的研究。美国"职业指导之父"弗兰克·帕森斯(Frank Parsons)教授提出了职业生涯管理相关理论中的经典理论——特质 - 因素理论，该理论在职业的选择与指导方面有广泛应用。该理论步骤较短、操作简单，能够快速帮助人们选择与自己特长相适应的职业，直至今天仍然有较大的影响力。"特质"指个体的人格特性，包括兴趣、价值观等可以通过测量工具进行测评的特征，反映个体潜在发展能力。"因素"即指想要获得职业成功所必须具备的条件，反映工作中的客观职业因素。1909 年，帕森斯在《选择职业》中首次明确提出了"职业规划"这一概念，教导人们要将职业规划的重点放在选择职业上，倡导人们要好好规划自己的人生。他认为每个人都是独特的，都有不同的性格、爱好等，而个性相似的人在职业选择上也存在一些共性。他将相似的人格特性归为同一类特质，每种特质都有与之匹配的职业类型，"特质"与"因素"之间的匹配度越高，事业成功的可能性就越大。

特质 - 因素理论认为，每位职员的成长环境与接受教育程度的不同使得每位职员的素质、能力与个性特征也各不相同，每位职员都有不同的兴趣、特长、优势、局限及其他特征。而企业中的每个岗位的工作环境、工作方式、薪酬待遇以及对在岗职员的要求也有所不同，每位员工在对自己的个人条件、能力、需求等充分了解的前提之下，可以对照自身的实际情况与企业所要求的条件，选择一个双向匹配的职业。

帕森斯已经明确说出职业人才选拔的三个基本要素及其条件：①首先，我们必须清晰地认识到自身的态度、技巧、兴趣、限制以及其他特点；②我们应该更加清楚地掌握职业选择成功的因素、所必须具备的条件，以及在不同的职业或者工作岗位上所要占有的资源、机会与前途；③以上两个方面的条件相互制衡。帕森斯的这一理论就是在明确地认识、了解个人的实际主观情况和社会对于职业岗位的需要条件。

特质－因素理论的发展形成了职业选择的"三步走"：首先是充分了解自身条件，包括个人兴趣、特长、态度、目标等方方面面；其次是明确岗位对人的要求，包括知识技术、素质能力、薪资待遇及成长机会等各方面；最后将人与岗位进行匹配，确保两者相互符合、相互对应，实现特质与因素匹配。

该理论是人才测评理论的基础，目前也已发展成为评估测评工具。企业在人力资源管理工作中可以借助相应的适应性测试与评估工具对员工进行更深入的认识，之后可为员工安排具有更高匹配度的岗位，在不断挖掘员工潜力，使员工获得职业成就感与自我价值的同时，降低企业人力资源管理成本，提升整体人力资本的价值。

特质－因素理论静态的职业观念与当代社会动态的职业发展并不完全契合，存在一定的局限性。但不可否认的是，认识自我"特质"、掌握环境"因素"是制订职业生涯规划的重要前提，也是提升职业生涯规划能力的关键因素。这对大学生职业生涯规划能力的提升具有一定启发意义，能够让学生意识到自我认知和环境认知对职业生涯规划的重要性。因此，我们无法忽视特质－因素理论在大学生职业生涯规划能力培养过程中的主导地位。

二、人格类型理论

（一）霍兰德的职业选择理论

1.霍兰德的人格类型理论

20世纪60年代，美国的约翰·霍兰德教授在前人研究的基础上，在心理学的基础上创立了"人格类型－职业匹配"理论。职业人格理论认为个体在进行生涯选择时会主动选择人格特点与职业环境匹配程度最大的职业。霍兰德的理论观点主要有以下六点。

①人格特点可以大致分为以下六种类型：现实型、研究型、艺术型、社会型、企业型和传统型。

②根据大多数的职业特征也可以将职业环境归纳为以上六种类型，每种类型的职业都由具有与之相匹配的人格特点类型的人来主导。

③个体在进行职业生涯选择时更倾向于选择适合个体人格特点以及职业能力发挥的职业环境，提升个体在职业环境中的满意度。

④人格特点与社会环境相互作用会影响个体行为。

⑤人格类型与社会环境类型的一致性、匹配度可以通过一个六边职业兴趣类型模型图来判断两者的相容程度，通过个体类型与环境类型的距离判断其关系。

⑥根据人格类型和环境类型在模型中的剖面图的结果判断职业类型，在美国，12099 种职业有霍兰德的人格类型代码。

约翰·霍兰德教授认为人格类型与职业选择有着紧密的关联。他将人格分为现实型、研究型、艺术型、社会型、企业型和传统型六种类型，如表 2-1 所示。

表 2-1　霍兰德"人格类型理论"的基本类型

人格类型	性格特点	适合职业	职业举例
现实型	顺从、坦率、谦虚、坚毅实际、有礼、害羞、稳健	有规矩并需要技术操作类的职业	机器维修员、修理工、木匠等
研究型	聪明、理性、独立、谨慎好奇心重、有批判精神	需要智力且独立工作的科学研究类的职业	研发人员、生物工程师
艺术型	有创意、不重实际，喜欢自由、情绪化、易冲动	有想象力、创造力的工作，艺术创作类的工作	画家、作曲家、小说家
社会型	善于合作、为人慷慨和善处世圆滑、善言谈洞察力强等	社会性工作，如教育工作者或社会工作者	公关人员、咨询人员
企业型	追求享受、自信独断冒险精神强、精力充沛	领导及企业经营管理类职业	企业管理者、政府官员
传统型	踏实稳重、谨慎保守顺从、自控、做事有效率	系统的、有条理的工作或程序化类的工作	行政人员、会计、交通管理人员

　　个体的职业选择会受到个体人格特征的影响，若个体所从事的职业与人格特征相匹配，那么个体的工作满意度将会更高且职业成功的可能性也将更大。20世纪70年代初，在美国出现最早对于职业生涯规划的专业研究。起初职业生涯规划被限制为文凭及学位的选择，但后来发现选择自己喜欢的专业并将其作为自己的工作才是职业生涯规划最主要的任务。

　　综上所述，霍兰德的职业人格理论主要强调职业兴趣对于个体的职业选择是非常重要的考量因素，个体职业兴趣可以影响职业满意度，当个体职业类型和兴趣类型完全匹配时才能提升职业获得感。

　　2. 霍兰德的职业兴趣理论

　　美国著名学者帕森斯提出个体在选择职业时，要充分与个体的性格等特征相匹配，每个人都有与众不同的个性与特征。受帕森斯的启发，美国心理学家、著名职业生涯规划家约翰·霍兰德于1959年提出了具有重要社会影响的职业兴趣理论。霍兰德认为个体在选择职业时很大程度上受个体的兴趣爱好、价值取向等因素影响。每个个体由于其遗传环境与生活环境不同，因此在不同方面的表现有所不同。有的个体在某方面表现为优势，但是在另一方面表现为劣势，每个个体都有自己的特长或相对擅长的方面。因此在职业选择过程中扬长避短，结合自己的特长并积极运用，才能最大限度地发挥自己的潜力。基于此，霍兰德提出了著名的职业生涯兴趣理论。霍兰德对不同人格特质的人进行了划分，每种人格类型都有与之相"排斥"的类型，如研究型与企业型、现实型与社会型、传统型与艺术型等都是"对立"的人格特质类型。每种人格类型都有，与之相一致的人格类型即一致性高的人格类型，如艺术型与现实性和企业型的一致性高。每种人格类型也有与其相似的人格类型，如艺术型与相邻的研究型与社会型、企业型与相邻的传统型与社会型等。每种人格类型的个体都具有其特质，在社会上都有与之相对应的行业领域与职业。

　　具有传统型人格的人通常喜欢按照常理办事，严格遵守事情的规章制度，不喜欢冒险和挑战，愿意被动安排工作，在工作中细心有条理，其在社会上适合从事的工作和职业通常为会计、办公室人员、秘书、审计员、图书馆管理员等。具有企业型人格的人通常精力充沛、自信，善于与人交际，喜欢冒险和挑战，愿意接受新鲜事物，喜欢金钱、物质和权力等事物，在社会上通常成为企业家、商人、管理者、政府官员等。具有社会型人格的人通常喜欢为他人服务和教育他人从而实现个人人生价值，比较看重个人社会道德和义务，关心社会热点问题，在社会上与公关人员、咨询人员等很匹配。具备艺术型人格的人通常喜欢以艺术的形式表现个人才能和价值，具有特殊艺术才能，喜欢新颖的事物，愿意创作，不喜欢墨守成规，在社会上与艺术家、博物馆工作人员等职业很匹配。具备研究型人格的人通常动脑思考，求知欲强，喜欢独立并富有创造性的工作，不善与人交往，领导能力不强，与之相对应的是科研人员、工程师、飞行员等职业。具备现实型人格的人愿意使用工具从事操作性强的事情，动手能力强，头脑灵活，善于变通，但是不善言辞，在社会上与之匹配的职业有司机、农民、测绘员、各类技术工作人员等。既然不同的人具有不同的人格特征，不同的人格特征有适合从事的行业和领域，因此个体在选择职业领域的时候应充分认识自己的特点，选择与其人格相对应的工作，即与自己的人格特征相"协调"。尽量避免选择与自身人格特征相排斥的行业和领域，从而最大化实现个人的价值，发挥个人的特长。

（二）荣格的 MBTI 人格类型理论

世界上划分人格类型的理论有很多种，MBTI 人格类型理论是目前国际上最权威、使用最普遍的理论。MBTI（Myers-Briggs Type Indicator）又可称为迈尔斯 - 布里格斯类型指标，由布里格斯母女基于荣格的理论经过多次实验和测试，最终编写成功。MBTI 人格量表的作者布里格斯母女并不是严格意义上的心理学学者，母亲凯瑟琳·库克·布里格斯将毕生的精力都倾注在教育上，女儿伊莎贝尔·布里格斯·迈尔斯则是一名写小说的作家，由其母一手培养而成。这对母女为荣格的心理学理论所深深吸引并投入心理学相关工作中，伊莎贝尔 30 岁那年，恰逢美国经济大萧条，其多年形成的理论被女儿整理成了 MBTI 人格量表，被广泛使用于商业招聘、团队组建。

此测试因其实用性强、适用性广、灵活性强，广泛应用在公司招聘、军人募集、性格自测等不同的场景之中。测试的结果为 16 种不同类型的人格，各自拥有四个维度，如表 2-2 所示。

表 2-2　MBTI 四个维度

做事方式	决策方式	信息收集	能量获取
P（Perceiving）或 J（Judgment）	T（Thinking）或 F（Feeling）	S（Sensing）或 I（Intuition）	E（Extrovert）或 I（Introvert）

其中，做事方式 P 和 J 是布里格斯母女俩所独创的一种维度。P 代表做事的时候偏向保留各种方案并且通常会一直推进这些方案直到结束；而 J 则是快

速下决定，选择一种方案，并把这个方案做到最后。做事方式与信息收集维度结合又可以分为四种气质类型，如图2-1所示。

SJ 教条型，护卫者	SP 探索型，艺术创造者
NF 友善型，理想主义者	NT 坚定型，理性者

图 2-1 MBTI 四种气质类型

MBTI人格理论包含四个维度，每个维度分为两个方向。四个维度如同四把标尺，每个人的性格都会落在标尺的某个点上，越靠近某个端点，就意味着个体越有某方面的倾向，如表2-3所示。

表 2-3 MBTI 人格类型维度、方向及特点

维度	方向1	方向1的特点	方向2	方向2的特点
精力来源	外倾E	从人际交往中获得能量	内倾I	从时间中获得能量
认识世界的方式	感觉S	通过五官感受世界的真实性	直觉N	通过第六感洞察世界的内在性
判断事物的方式	思考T	用逻辑、客观的方式决策	情感F	用个人化的、价值导向的方式决策
做事、生活的方式	判断J	以有序、有计划的方式生活	知觉P	以灵活、变化的方式生活

将四个维度下的两种人格类型进行一定的组合，便有了16种人格类型，代表着不同的人格特点和特性，如表2-4所示。

表 2-4　MBTI 理论下的 16 型人格

思考型 T		实感型 S		直觉型 N	
		感情型 F	思考型 T	感情型 F	思考型 T
内向型 I	判断型 J	ISTJ 检查者	ISFJ 保护者	INTJ 完美者	INFJ 劝告者
内向型 I	理解型 P	ISTP 手艺者	ISFP 创作者	INTP 科学家	INFP 化解者
外向型 E	判断型 J	ESTJ 监督者	ESFJ 供应者	ENTJ 教导者	ENFJ 教育者
外向型 E	理解型 P	ESTP 创业者	ESFP 表演者	ENTP 奋斗者	ENFP 奋斗者

16 种人格类型分别指代不同的性格特征，也产生了不同的推荐职业类型，如 ISTJ 型人群性格安静、严肃、实际、有责任感，适合数据管理、会计、行政管理等职业；ENFP 型人群热情洋溢、富有想象力，有很强的即兴发挥的能力，语言流畅，适合幼师、公关人员、演员等职业；ESFP 型人群俗称表演者，他们不仅会通过表演娱乐自我，还会陶醉于娱乐大众，主导功能与第三功能能够使得 ESFP 型人群沉浸在不断获取的欲望之中。ESFP 型人群的优势在于对待压力的态度上，他们通常有很好的抗压性，哪怕工作进展不太顺利，即使到了最后阶段，也依旧可以保持从容不迫。面对已经过去的失败决策，ESFP 型人群也能很轻易地放下。另外，ESFP 型人群很少会对未来规划，工作上也是随心而动，不会有比较详细的计划。ESFJ 型人群非常在意自身与客体是否融洽，因为以客体价值观为导向，ESFJ 型人群乐于帮助别人。工作中，ESFJ 型人群较其他人格更加擅长照顾别人的感情，他们通常遵守公司内的等级制度，ESFJ 型人群真心尊重自己的上级，且非常希望自己的下级也能做到。这类人由于其忠诚且以公司利益为先的优势，是 16 型人格中最容易被选为公司中层干部的类型之一。ISFP 型人群通常是唯心主义者，以自己的价值导向为先，使得 ISFP 型人群在与人交往中会以需求为先。ISFP 型人群通常对物质生活要求较高，部分 ISFP 型人群的消费观和实际经济承受能力不符。当主导功能结合第二功能时，他们更容易将自己的艺术天赋发挥出来。工作中，ISFP 型人群管理他人的意愿不强，所以身居要职的情况比较少。另外，由于功能劣势，ISFP 型人群可能具有不同程度的拖延症，和人交流也会出现不及时的情况，从而导致内部信息流通不顺畅。

以 MBTI 人格理论为基础的 MBTI 职业性格测试是国际上最为流行的人格评估工具。在世界 500 强企业中，有 80% 的企业有 MBTI 的应用经验。由于 MBTI 人格类型理论对个人性格描述维度全面、角度丰富，经实验证明其具有较好的内容效度、校标关联效度和结构效度，也具有较强的实际应用性，能快速获得个体的人格特征，实用性更强，是现代科学的人格测量模型。

三、人格发展论

（一）埃里克森的人格发展论

艾利克·埃里克森（Erik Erikson），美国著名的精神分析家、精神病学家和发展心理学家。受弗洛伊德古典精神分析学说的影响，结合文化和社会因素对人格发展的影响，他创立了人格发展的八大阶段理论。埃里克森认为每个阶段都存在一定的自我危机。

在大学时期，学生的自我和人格开始脱离家庭和社会而迈向独立，通过独立思考对自己的人格、特长、生活等方面有了更完整的认知，能把过去的经验和现在的经验相互整合建立起自我同一性，形成诚信、智慧、努力和勤奋等多方面的品质，形成健康的自我人格。青少年时期是自我发展的关键期，起着承上启下的作用。这个阶段如果可以正确面对自我危机，建立起自我同一性，就能为解决成年时期的自我危机奠定基础；如果不能正确认知自我，不能将过去的经验和现在的经验整合，就会出现角色混乱和消极的同一性，找不到自己的角色定位。

埃里克森认为自我在人格发展的每个阶段都起着非常重要的作用。职业生涯规划理论认为个体的职业生涯规划基于个体对自我的认识，自我认知会影响他们对自身未来职业的思考和兴趣。个体只有对自己有着充分的认识，才能完成每个阶段的发展任务，最终取得职业生涯的成功。在职业生涯规划教育中，考虑高中生的自我同一性并对其进行干预，帮助其更好地认识自我，提高高中生的职业生涯规划能力，增强高中生的社会适应能力。

（二）罗伊的人格发展论

罗伊（Anne Roe）在 20 世纪 60 年代提出人格发展论。因为她是一位临床心理学家，她依据自己所从事的临床心理学经验及对各类杰出人物有关适应、创造、智力等特质的研究结果，综合了精神分析论、莫瑞的人格理论与马斯洛的需求层次理论，形成了人格发展理论。该理论试图说明遗传因素和儿童时期经验对未来职业行为的影响，认为早期经验会增强或削弱个人高层次的需求，进而影响人的职业生涯发展，她特别强调早期经验对以后职业选择行为的影响。

罗伊相信，个性的发展很大程度上依赖于个体在童年时期的基本需求，或者是经历过的挫折，而这种经历往往会受到家庭的文化环境的影响。人类的早期体验，特别是父母的教育方式以及亲子间的沟通，对个人的需求、职业类型的追求以及在所选的专业领域的发展程度有很大的影响。因此，在 1957 年，罗伊提出了一种"亲子互动模式"，将亲子关系分为如下三种类型。

1. 关注子女型

"过度保护型"的家长，在物质上可以肆无忌惮地满足子女，但未必就能满足他们对爱和自我尊重的需要。因此，在这种环境中成长起来的儿童，将来会表现出更多的人际倾向。而"过度要求型"的家长，在满足子女的需要时，往往会附带一定的条件，只有在子女表现出服从或认同的行为时，他们的身体需要或者爱的需要才能得到满足，而在父母的严格要求下，他们就会成为一个完美主义者，会对自己的行为不尽善尽美而感到忧虑，因此很难做出自己的职业选择。

2. 回避子女型

在"回避型"家长的教育方式中，不管是被拒绝或被忽视，孩子的需求满足都是一种痛苦的体验，不管是身体上的需要，还是在安全上的需要，都会受到影响，更别说是满足更高层次的需要了。因此，这些孩子将来会对与别人的关系产生畏惧，在工作中，他们会更愿意依靠自己的力量来满足自己的需要。

3. 接纳子女型

它包含了"爱的接纳"与"不明确的接纳"。前者既能满足儿童的多种需要，又能促进儿童的自主发展。后者采取了一种放任其发展的态度。"接纳型"的家庭氛围总体上很温馨。在温暖民主的环境中成长起来的孩子，会有各种各样的需要，也会有自己的选择。

所以，儿童的经历和他们的职业选择有着很大的关系。我们所选择的工作环境，将会体现出我们小时候的家庭氛围。儿童时期，如果生活在一个充满温暖、关爱、接纳或保护的环境中，则很有可能会选择与人际关系相关的工作。假如我们在儿童时期，生活在一个冷漠、被忽视、被拒绝的家庭里，我们很有可能选择与科技、事物相关的工作，因为这些工作是以事、物和观念为基础的，与人打交道的机会并不多。

第二节　职业发展阶段理论

一、金斯伯格的职业生涯发展理论

金斯伯格是职业生涯发展理论的先驱，他通过研究分析，将职业生涯划分为三个具体阶段：幻想期（11 岁之前）、尝试期（11 ～ 17 岁）、现实期（17 岁以后）。该理论反映的是就业前人们职业意识或职业追求的变化发展过程，为下一阶段职业生涯发展理论的提出打下了基础。

幻想期的儿童们对大千世界，特别是对于他们所看到或接触到的各类职业工作者，充满了好奇，此时期职业需求的特点是个体希望快点长大成人，对职业选择的愿望既不考虑现实又不受环境制约，他们憧憬引人注目、令人激动的理想化职业。此时，职业选择情感色彩很浓，带有很大的冲动性和盲目性，十分不稳定。

尝试期，又可以进行细分，11 ～ 12 岁为兴趣阶段、13 ～ 14 岁为有能力阶段、15 ～ 16 岁为价值阶段、17 岁为合成阶段。此时期，人的心理和生理在迅速成长发育和变化，有独立的意识，价值观念开始形成，知识和能力显著增长和增强，初步懂得社会生产和生活的经验。在职业需求上呈现出的特点是：有职业兴趣，但不仅限于此，更多地、客观地审视自身各方面的条件和能力；开始注意职业角色的社会地位、社会意义，以及社会对该职业的需要。

现实期将步入社会，能够客观地把自己的职业愿望或要求同自己的主观条件、能力，以及社会现实的职业需要紧密联系和协调起来，寻找适合自己的职业角色。此时期所期望的职业不再模糊不清，有了具体的、现实的职业目标，表现出的最大特点是客观性、现实性、讲求实际。

二、舒伯的职业生涯发展理论

在众多的职业生涯发展理论之中，大部分学者接受的是舒伯（Donald E. Super）的职业生涯发展理论，不同于静态选择性理论，舒伯更强调的是根据当前自身的情况选择合适的职业。但是此理论存在局限性，只考虑求职者和职业相互匹配，忽略了家庭、环境、时间、地点等外界因素会对求职者进行限制。除此之外，理论中并没有对个体的特征、职业的要求和性质等情况进行描述，概念比较模糊。

舒伯强调职业生涯的阶段性，认为职业生涯是一个长期的过程，要用发展的眼光看待。因此，舒伯根据心理学理论、社会学理论、人格发展理论提出了职业生涯发展理论。

（一）自我概念及认知

舒伯认为一个人是否了解自己是至关重要的。在心理学上来讲，良好的自我概念是一个人健康的标准，只有对自己了解，有追求，有理想，有自己所热爱的东西，并且了解自己的价值观，对自我有足够的认知后，才可以在选择职业时选择与自己能力、个性、价值观相对应的工作。每个人不同的性格认知、兴趣爱好，都会影响着各自选择职业的领域。而自我概念的认知从儿童时期就开始了，比如自身对外界温度的感受，对自身疼痛的感知；青春期发展到了对自身情绪方面的了解，对外界事物的兴趣，以及一个初始状态的职业目标；进入成熟期之后自我概念则会转变成职业生涯的概念；成年后自我概念的认知，可以体现在人们日常工作时能否胜任工作，如在工作中能不能充分地展现自己都会影响着个体的生活，适合自己的工作可以提高工作的效率，最主要的是会增强自信心。用舒伯的话来说，"职业生涯就是自身实践的过程"，而根据调查报告显示，大部分研究生在选择影响职业选择因素的时候都认为福利待遇很重要，倘若不符合自身的自我概念，那么在工作时则会力不从心，甚至工作效率不高，产生自卑心理，影响身心健康。

综上所述，个体选择职业时首先要认清自己，要达到在职位中可以展现自我，发挥出自己长处。另外，每个阶段的自我概念表达方式不同，个体只有对自身进行全面的认知，避开对自身了解的假象，了解真实的自我，才能规划出合理的职业规划路线，实现自我理想。

（二）生涯成熟度

舒伯是职业生涯发展理论研究领域最权威、最有影响力的人物之一，舒伯提出的"职业成熟度"的概念随着职业指导的研究方向慢慢偏向于长期的发展后，逐渐被"生涯成熟度"代替，这意味着研究更偏向于阶段性，生涯的成熟则代表着可以完成本阶段赋予的任务，或者说做好了充足的准备。

舒伯在1957年提出了自己对生涯成熟度的理解，他认为，不同个体在不同时期都需要完成本阶段相对应的任务。生涯的每个阶段都会表现出不同的状态，这也反映了个体当前生涯是否成熟。生涯成熟度可以从几个方面体现：第一，个体是否完成社会给予的任务量；第二，生涯任务量的水准体现了个人的水准；

第三，在选择职业的时候是否会有充足的准备，是否能偏向于自己的兴趣爱好。总而言之，在选择职业时做好了充足的准备，则是生涯成熟的表现。

舒伯为了进一步解释生涯成熟度，把成熟度划分成了六个项目。

①职业方向的选择，即个体在选择最终职业时候的态度。

②职业能力和信息收集，即个体在确定目标后，是否会主动收集职业信息，是否会做出详细的计划。

③职业志向，即职业志向的偏向性。

④个体特征的形成，即个体自我概念逐步转向生涯概念的一些特征，比如对职业反馈的关心程度，对薪水和假期的期待。

⑤个体职业经验，即在职业中获得的经验，是否能保持一定的独立性。

⑥职业的选择，即选择职业时有没有考虑自身能力是否匹配。

生涯成熟度的重点首先是对自身的了解，然后搜集职业的相关信息确定自己的方向，其次是在选择职业时是否会考虑自身和职业是否匹配。

综上所述，生涯成熟度是通过了解个体是否具有良好的认知，来分析个体生涯的状态，一个人在相应的阶段拥有相应的认知和能力，就可以说明生涯成熟，就有更多的选择，就可以更好地进行职业规划。

（三）拱门模式

1990年舒伯根据诺曼拱门提出了生涯发展的拱门模式，拱门顶端是来自于两部分自我概念形成的自我。

拱门的两根柱子被称为生理基石（左）和地理基石（右），生理基石表明人的人格成就是由需求、智慧、价值、性向、兴趣、特殊形象组成，通过阶段性发展最终形成顶端的自我概念，而地理基石则表明个体就业实况是受经济、社区、学校、家庭、社会、同伴团体、劳工市场和社会政策的影响，通过阶段性发展形成的自我概念。

拱门模式的实际意义就是个体自我概念的形成需要自身性格的了解程度和社会资源环境共同干预，会受到两个方面的影响。最终的职业选择要结合自身条件和环境以及生涯发展阶段做出决定。

（四）生活广度与生活空间的理论

舒伯通过生活广度，将人的一生分成了五个阶段，提出了五阶段理论，又发现每个阶段衔接会有重叠的部分，则又提出生涯发展循环理论，最后，舒伯结合生活广度和生活空间，提出了生涯彩虹图。

1. 五阶段理论

舒伯是职业生涯发展理论的重要代表人物，他通过长期研究，将人的职业生涯发展阶段划分为成长阶段、探索阶段、建立阶段、维持阶段与衰退阶段。

（1）成长阶段（0～14岁）

自我概念在这一阶段生成，个体开始以各种方式表达需求，在不断尝试中，其个人的角色得以逐步完善，从而建立自我。在这个完善自我的过程中，个体逐渐了解到什么是工作、为什么而工作，从而建立其对工作正确的价值观。在成长阶段，一般要经历三个时期，分别是幻想期——因好奇而幻想、兴趣期——因幻想而产生兴趣、能力期——因兴趣而逐步培养自己的能力。

（2）探索阶段（15～24岁）

打基础是我们处于探索阶段的核心任务，通过学校学习、社会实践、团体活动甚至工作，对自身的能力和素质不断探索、提升与完善，在这个过程中，完成自身职业发展偏好的具体化，完成择业。这个阶段一般要经历三个时期，分别是试探期、过渡期和试行期。

（3）建立阶段（25～44岁）

建立阶段最重要的任务是选择与稳固。经过探索阶段的不断学习完善与尝试，到了建立阶段，往往能够获得稳定职位并考虑如何在该职位上实现更加稳定、长期的发展。建立阶段是职业生涯发展的核心，一般经历两个时期——尝试期与稳定期。

（4）维持阶段（45～65岁）

处于该阶段时，我们要不断面对新的候选继位者的挑战，这个阶段要做的事情就是将自己的事业成就与地位维持稳定。

（5）衰退阶段（65岁以上）

在这一阶段，随着年龄的增长，自身的身体与心理状态逐渐衰退，不得不从工作岗位上退下来。在衰退阶段，我们要重视新角色的尝试与接受，适应新的生活，以各种不同的方式来满足自身的需求。

2. 生涯发展循环理论

舒伯把五个阶段，命名为大循环。除此之外，舒伯还认为在相邻的两个阶段之间存在重叠部分，也就是转型期，它可以出现在生涯中的任何一个阶段，以此来对两个阶段进行衔接。而转型期之前个体都会再重复经历成长、探索、建立、维持、衰退等问题，舒伯则把它任命为小循环。所以，人在生涯发展中除了会有大循环之外，也还会有小循环，如表2-5所示。

表 2-5 生涯发展循环理论

发展阶段	年龄段分布			
	14～25 岁	25～45 岁	45～65 岁	65～ 岁
成长	自我概念结合实际	学习处理社会关系	接受无法改变的事情	找寻新的角色
探索	找寻工作岗位	找寻新的爱好	解决出现的新问题	适应新的生活方式
建立	进入职业岗位	稳定自己所在的职业岗位	增加一个技能	完成自己的其他计划
维持	验证职业是否有可行性	稳定工作寻找晋升机会	当前工作中寻求稳定	坚持兴趣爱好
衰退	减少工作时间，娱乐时间增加	开始注意身体的健康	大部分时间用来休闲	休息时间越来越多

3. 生涯彩虹图

舒伯为了更清晰地展现生活空间和生活广度之间存在的关系，在 1980 年设计出了生涯彩虹图。舒伯提出每个阶段是大概的划分，因人而异。舒伯认为人在一生中扮演的各种角色就像一条条彩带，合在一起就是一条亮丽的彩虹，彩带有着不同的凸起，表明在此阶段角色的分量，人在出生后就开始扮演角色，之后便会同时担任更多个角色，角色之间相互影响，纵横交错之后形成了个体独特的生涯，某一个角色的变动则也会影响到其他的角色。

三、萨维科斯的生涯建构理论

生涯建构理论的提出者萨维科斯（Mark L.Savickas）深受舒伯职业生涯发展理论的影响，强调职业生涯的终身性、连续性，以及个体自我在职业选择和发展生涯中的地位作用。但二者的区别在于，受萨维科斯在咨询心理学上的建树的影响，生涯建构理论的视角更加个性化，因而萨维科斯主张生涯咨询者要善于发掘来访者的个人视角、生活轨迹。在萨维科斯看来，人们能够或者想要从事什么样的职业、拥有怎样的生涯，取决于他为周围的人、事赋予意义的过程，这一过程一方面极具主观性、隐私性，同时又会受到多种外在不确定因素的影响，如职业流动、市场需要，所以个体职业选择的过程就是内在自我与外在环境不断互动、调整以达到平衡适应的过程，也就是生涯建构的过程。

萨维科斯将生涯建构理论分为三个部分："人生主题"——你生活中发生

过的重大事件，"职业人格"——你在生活中所预先反映出来的需要、能力、兴趣、价值观等，"生涯适应力"——你如何平衡工作和自我、个体与社会。三个部分是相辅相成、相互连贯的。"生涯适应力"是整个生涯建构理论的核心，它是个体在面对各种工作任务以及不同角色转换时进行自我调整的一种准备状态，又因为每个人的人生经历和人格都是有差异的，"人生主题"与"职业人格"从内外两个方面影响着"生涯适应力"的形成方式和结果，从而出现个体自我建构的差异性。

为了进一步说明生涯适应力的内涵，萨维科斯将其分为了三动力四维度。三动力被归纳为 ABC：态度（attitudes）、信念（beliefs）、能力（competency）。四维度分别是：生涯关注（concern）、生涯控制（control）、生涯好奇（curiosity）、生涯自信（confidence）。在内在的三种动力支持下，个体的生涯适应力在四个维度上各有表现且呈现递进关系：首先个体开始关注感兴趣职业的未来趋势，并为此开始逐渐加强对行为、能力的管理和控制，同时在深度挖掘自我潜能和设计未来图景的过程中不断展示出对该职业充分的好奇心，不断提升自信心。

而后，萨维科斯等人又提出了关于自我建构的生涯适应模型，该模型代表了个人在每一个生涯阶段达到适应状态所应具备的四个要素：适应动机、适应能力、适应行为和适应结果。适应动机是达到适应状态的内在动力，适应行为、适应结果是适应状态的内外表现，拥有较强适应动机的个体在适应行为上更能表现出主动、积极的心态和意识，主动适应外界环境，及时调整目标计划，适应结果则可能是获得就业机会。适应能力在这个过程中则起到主观驱使的作用，与适应动机共同推进适应行为和适应结果的产生。

依据生涯建构理论对个体职业生涯内涵的解释，我们可以认识到职业生涯实质上是个体发挥生涯适应力进行自我建构的过程，是个体激发适应动机、提升适应能力以促进良好适应行为与适应结果的过程。而职业生涯规划则是其中适应行为的表现，而行为的出现要有态度、意识的推力，行为要产生好的结果则需要控制和管理。因此要了解大学生职业生涯规划的情况，不仅要考虑他们直接的规划行为表现情况，还要综合内在的生涯规划动力，包括职业价值观、自我认知、对职业生涯关注度等认识层面，除此之外还要考虑规划过程的监督、管理等能力的发挥。

四、施恩的职业锚理论

美国著名的职业指导专家埃德加·施恩是职业锚理论（即职业生涯系留点理论）的提出者。19 世纪 60 年代，施恩领导了一个专门的人才研究指导团队，对斯隆管理学院 44 名 MBA 毕业生 12 年的职业生涯发展情况进行了深入研究，提出了著名的职业锚理论。

施恩认为一个人职业生涯发展的过程即他对自身不断探索挖掘的过程，随着个体的逐渐成长，对自身会越来越了解，从而慢慢形成主导其职业选择与发展的职业锚。当个体迫于压力或某些原因而不得不做出选择时，他所坚持的方向与原则就是他的职业锚，即一个人在职业发展时无论如何都不会放弃的价值观与人生追求。

该理论在初期提出了技术 / 职能型的锚、创造 / 创业型的锚、安全 / 稳定型的锚、自主 / 独立型的锚以及管理型的锚，共 5 个类型。后来随着经济、技术的不断升级迭代，通过施恩等学者的持续研究，又增加了生活型的锚、挑战型的锚以及服务 / 奉献型的锚 3 种类型。如图 2-2 所示，为职业锚类型及特征。一个人身上的职业锚并不是只有一个，每种职业锚之间的区分并不是十分绝对的，它们相互之间可能会存在交叉的部分，一个员工可能同时具有两种或两种以上的职业锚类型。

技术 / 职能型 追求在技术 / 职能领域的成长，喜欢面对来自专业领域的挑战	生活型 喜欢允许他们平衡个人、家庭和职业的工作环境	挑战型 喜欢解决看上去无法解决的问题，战胜强硬的对手等
服务 / 奉献型 追求他们认可的核心价值，如帮助他人	创造 / 创业型 希望创建属于自己的产品（服务），且愿意冒风险	安全 / 稳定型 追求工作中的安全与稳定感，关心财务安全
自主 / 独立型 希望随心所欲地安排自己的工作方式、工作习惯和生活方式	管理型 追求并致力于工作晋升，将公司的成功与否看成自己的工作	

图 2-2　职业锚类型及特征

职业锚是一种价值观，运用职业锚理论对员工和企业都有益处。在职业生涯中，个人一旦选择职业锚，短期内不会轻易改变，因此员工应首先通过职业锚测评，准确全面地了解自己，并根据自己的性格特点选择合适的职业方向；企业则可以通过职业锚测评，进一步了解员工，为员工提供个性化发展方案，减少企业因盲目培养造成的资源浪费。

施恩教授认为，员工的职业生涯发展与企业对员工进行的职业生涯规划相互促进、密不可分，企业对员工制定良好的职业生涯规划可以让员工在工作中有更明确的职业目标，获得更优异的成绩，更好地实现其职业理想与自我价值；而员工在企业的帮助之下，获得了更强的工作动力，才可以逐渐形成明确的职业锚倾向，当员工的职业锚倾向与企业的需求契合时，员工的忠诚度就会得到提高，在工作的态度、业绩方面也就能够有更好的表现。

关于职业锚理论还要注意：首先，职业锚在一个人职业生涯的早期便形成，很大程度上是基于个人自身的工作经验；其次，职业锚强调的是员工个人价值观、需求及其能力的相互作用；再次，职业锚是不可能通过测试而提前知晓的；最后，职业锚的类型是可能会随着员工个人职业生涯的发展及个人经验的影响而产生变化的。现在，职业锚理论与评估方法发展得愈加成熟，越来越多的企业将职业锚理论用于员工的职业生涯管理中，愈加注重对员工个人的了解，通过不断加深对员工需求、员工类型的了解，帮助员工了解自己的职业锚类型与职业锚特征，通过将职业锚理论与企业实际情况的结合，更加合理化企业的人力资源管理工作，不断优化企业自身人才结构，让职业锚理论实现了更大的现实意义。

施恩的职业锚理论在大学生的职业生涯规划中发挥着举足轻重的作用。在对大学生进行职业生涯规划教育过程中，教师应在学生对与专业相关的职业有一定了解的基础上，引导学生认识自身的能力、动机与价值观，明确自己擅长的领域与今后发展的方向，确定自己的职业锚。此举有利于降低学生求职试错成本，尽快找到与自己最匹配的职业，使学生在最合适的岗位上发光发热。

五、格林豪斯的职业生涯发展理论

格林豪斯将职业生涯定义为一种动态的、可持续发展的模式，并将其划分为九个步骤。

第一步，认识自己的事业和职业生涯的信息。这一步是对个人信息及周围环境信息进行收集的基础。

第二步，认识自我与环境。个人可以准确地理解自己的性格、爱好、特点和定位，并精准地确定周围环境，从而制定符合个人职业规划和相关策略的标准。

第三步，设立目标。目标越清晰，自己的工作就越有可能在以后取得长期的进步。

第四步，制定针对生涯规划目标的策略。仅有目标不够，还要寻找能顺利实施的策略，使之顺利实现。

第五步，制定策略，开始执行策略。

第六步，具体的规划过程。这一步骤指个体以自身为单位，进行具体的规划。

第七步，反馈工作结果，总结工作成果。包括工作中的具体问题，或者是自己的情感状态，或者是对周边的外部环境认知。

第八步，进行回馈。通过追踪和评估个人职业目标实现的情况，强化或修正该职业目标。

第九步，对整个职业生涯进行评价，同时当作以后的职业生涯规划参考依据。

第三节 职业生涯决策理论

一、彼得森的认知信息加工理论

认知信息加工理论由彼得森（Peterson）等人提出。该理论关注在解决职业问题和执行决策过程中大脑是如何处理加工信息的，即大脑是如何接收、编码、存储和使用这些信息的。这是一种处理职业信息的新方法，在大学生的职业生涯规划中该理论具有很强的实践作用和借鉴价值。

彼得森、桑普森和里尔登利用认知信息加工理论思考解决职业发展与服务中的职业问题的方法，即认知。他们将职业生涯的决策看作获取信息、加工信息的过程，为职业生涯规划提供了新的研究视角。该理论重视理性在职业生涯决策中的地位，认为对职业选择起到核心作用的是个人因素，强调做出职业规划的关键在于人的认知能力，"认知"即人的思维方式和大脑收集、加工、处理信息的方式，因此认为职业生涯规划应该重视认知信息加工能力。

认知信息加工理论是在相关假设的基础上提出的，包含八个方面的内容。

①职业选择是大脑思考和主观情感作用下产生的结果。

②实际上，职业选择是一项以解决职业生涯问题为目的的活动。

③解决职业生涯问题的能力与现有的知识水平和思考方式有关，并以此为基础。

④职业生涯决策实质上是一项需要良好的记忆力的复杂活动。

⑤职业生涯决策需要有动机，刺激做出职业选择。

⑥毕生的学习和成长都会持续伴随着职业生涯规划。

⑦职业生涯成功与否，很大程度上取决于人们思维的方式和内容。

⑧职业生涯的质量好坏取决于职业生涯决策相关信息的掌握程度，以及对职业问题解决的了解程度。

认知信息加工理论是基于个体在生涯问题解决过程中以及生涯决策制定过程中的大脑如何对信息与知识的接收、编码、存储和使用这一理念而形成的理论。认知信息加工理论主要关注的是涉及解决职业生涯问题的过程和做职业生涯决策的思维和记忆的过程。该理论认为职业生涯问题解决是一个高记忆负荷的认知过程，过程中需要依赖于个体的知识体系对自我认知和职业认知进行综合分析与整合。

根据职业信息的特点，彼得森提出了信息处理的金字塔模型，该模型形象地表明了认知信息加工理论在职业生涯规划领域的运行机制。该模型分为三层，底层是知识域，包括自我和职业知识，为职业生涯规划提供信息支持；第二层是决策技能域，包括决策策略；顶层是执行处理域，可以制定解决问题的方法。一个人的金字塔特征可以提供关于这个人的有效信息来解决问题和做出决策。职业规划也有助于提高信息处理的质量。一般来说，当人们面临职业问题时，认知信息加工理论则可以提供给人们一种简单有效的应对方法，帮助人们解决所需解决的问题。

认知信息加工理论的另一个核心观点，即信息加工 CASVE 循环，也就是金字塔模型的第二层内容。该循环涉及保障职业决策顺利做出的 5 个重要步骤，即沟通、分析、综合、评估、执行，这是规划职业生涯发展的关键环节。

认知信息加工理论拥有完善的操作步骤和处理程序，强调理性和认知在职业生涯规划上的作用，重视信息的收集、加工和处理，能够帮助大学生提升职业生涯规划能力。但人毕竟不是机器，还有感性的一面存在，因此在使用认知信息加工理论的过程中，也要尽量避免过于机械化。

二、班杜拉的社会学习理论

社会学习理论是由美国社会心理学家班杜拉提出的，建立在行为主义理论的基础之上，他认为人的行为、情感反应方式等不但受直接经验的影响，同时也受到间接经验的影响。该理论认为，社会因素对人的行为学习就发挥着重要的作用。这种学习模式是人类学习的重要形式，其本身也是具有认知性的，"观察"和"模仿"是学习过程中的重要步骤。班杜拉将观察学习分为四个部分，分别为注意过程、保持过程、运动再现过程、动机过程。

①注意过程。注意过程决定了一个人在显示给他的大量范例中选择什么来进行观察以及在这些示范原型中把哪些东西抽取出来。在各种决定注意的因素中，最重要的是相关联的示范影响。

②保持过程。观察学习主要是把示范经验转换成表象或言语符号保持在记忆中，这些记忆代码在以后就能指导操作。除了符号编码之外，演习也能作为一个重要的记忆支柱。

③运动再现过程。要把观察学习到的东西付诸行动，在行为水平上还会存在障碍。观念在第一次转化为行为时很有可能是错误的，所以仅仅通过观察，技能是不会完善的。在日常学习中，人们一般是通过示范一个非常相似的新行为，然后从只是部分地习得的技能演习和操作中进行信息反馈，再经过自我矫正，把这一相似的行为加以精炼。

④动机过程。班杜拉把反应的获得和操作区分开来。人们通过观察而获得新知识，但并不能保证在人们身上能自动操作与原型的行为相同的行为。操作是由动机变量控制的。如果一个原型反复显示所期望的反应，教导人们去再现这一行为，当他们失败时从客观上给以指点，当他们成功时就给予奖励，这个原型就能最终在大多数人身上引起匹配反应。

班杜拉认为，这四个部分不是完全分离的。在社会学习理论看来，当观察者知道某一种行为将会产生有价值的结果时，他们就会增强对这一行为的注意，从而加强观察学习。而且，这种预期会促使观察者对他们的示范行为加以编码和演习，从而加强对在观察中习得的行为的保持。由此可见，如果事先告诉观察者效仿示范行为的好处，比他们模仿完动作再得到奖赏，能够更有效地获得观察学习。

三、克朗伯兹的生涯决定社会学习理论

班杜拉的社会学习理论强调行为和环境之间的相互作用，克朗伯兹（Krumboltz）借鉴班杜拉的社会学习理论，将其引用于职业生涯规划，提出生涯决定社会学习理论。该理论认为生涯发展过程中充满了选择，而这些选择受

到多种因素的影响。已有的学习经验则是影响我们职业生涯决策的因素之一。克朗伯兹还认为遗传因素、环境因素和工作取向、技能也是影响我们生涯决策的重要因素。经不断探究，克朗伯兹又提出了职业生涯决策的步骤及决策中可能会遇到的困难，为职业辅导提供了理论支持。

因此，克朗伯兹认为影响个体生涯发展的因素有环境与事件因素、学习经验因素、遗传因素和与职业相关的技能因素这四种。其中前两种对职业的影响最为显著。生涯决定社会学习理论是在社会学习理论的基础上提出的，强调后天养成的重要性，虽然先天因素会影响一个人的职业生涯，但从这个理论出发来看，后天的养成更为重要，这也是现在进入职业生涯之前要针对性学习训练的原因所在。

第三章　大学生的职业生涯决策

职业生涯决策是生涯规划中联系当下与未来的重要环节，关系到大学生今后职业发展以及能否在适合的岗位上展现自己的才华，对大学生具有重要的现实意义。当前，部分大学生存在职业生涯决策困难，具体体现为就业择业心态、方法不够科学合理，就业意向与实际去向差异性较大等方面。本章分为职业生涯决策平衡单、职业生涯目标的设定与评估、SWOT 战略分析三部分，主要包括职业生涯决策平衡单介绍、职业生涯目标的设定等内容。

第一节　职业生涯决策平衡单

一、职业生涯决策平衡单介绍

针对如何做出职业生涯决策，现有的科学决策方法是使用职业生涯决策工具——职业生涯决策平衡单。职业生涯决策平衡单能够帮助我们通过对现有因素赋值量化，把面临的选择进行数值化，有条理地客观看待每一个选项，从而做出科学决策。考虑的项目可以包括自我部分、自己与环境部分和外在环境部分。自我部分包括自己的兴趣、能力、价值观及内在心理需求等；自己与环境的部分包括家人的支持、社会地位、经济收入、社会资源等；外在环境部分包括工作环境、工作发展前景及工作内容等。选项赋分可以为 1～10 分，得分为正分，失分为负分，填入分值后，对每个选择进行得失分合计，就得到各个选项的分数。

职业生涯决策平衡单是一种很通用的决策工具，能够帮助使用者避免在决策过程中出现盲目、从众、宿命论等现象，通过对所具备的信息进行赋值列表，做出理智的决策。职业生涯决策平衡单最早应用在职业规划培训中，尤其是在大学生择业方面应用比较广泛。职业生涯决策平衡单无论是对决策依据的分析还是对项目的分析，大多数情况都围绕着在职就业者或者即将毕业的大学生群体进行研究。

二、职业生涯决策平衡单的操作步骤

在人们面临着几个确定的职业目标选择，并打算将其中一个作为长期的职业目标却又取舍困难时，用价值量化的决策方法，可以帮助人们系统地分析每个可能的选项并判断分别执行各选项的利弊得失，从而执行最优先或偏好的选项。

应用职业生涯决策平衡单一般有以下的基本操作步骤。

第一，列出可能的职业选项。

第二，列出关注的这些选项的要素，包括个人物质方面的得失、他人物质方面的得失、个人精神方面的得失、他人精神方面的得失四个方面。

第三，分析各选择方案在每个项目上的得失，权重范围由 -5 分到 5 分，按照自己的真实想法进行评价。

第四，根据各个选项的加权分数，合计各选择方案的分数总和。

第五，排出职业选择的优先级，找出得分最多的方案，即当前最优方案。

三、职业生涯决策平衡单样表

职业生涯决策平衡单样表如表 3-1 所示。

表 3-1　职业生涯决策平衡单样表

考虑因素	选择项目	权重	职业选择 1（　）		职业选择 2（　）		职业选择 3（　）	
			原始分数	加权分数	原始分数	加权分数	原始分数	加权分数
个人物质方面的得失	1. 收入							
	2. 工作的难易程度							
	3. 升迁的机会							
	4. 工作环境的安全							
	5. 休闲的时间							
	6. 生活变化							
	7. 对健康的影响							
	8. 就业机会							
	9. 其他							

续表

考虑因素	选择项目	权重	职业选择 1 ( )		职业选择 2 ( )		职业选择 3 ( )	
			原始分数	加权分数	原始分数	加权分数	原始分数	加权分数
他人物质方面的得失	1. 家庭经济							
	2. 家庭地位							
	3. 与家人相处的时间							
	4. 其他							
个人精神方面的得失	1. 生活方式的改变							
	2. 成就感							
	3. 自我实现的程度							
	4. 兴趣的满足							
	5. 挑战性							
	6. 社会声望的提高							
	7. 其他							
他人精神方面的得失	1. 父母							
	2. 师长							
	3. 配偶							
	4. 其他							

使用者将平衡单上的原始分数乘上权重,分数差距变大,最后把"得失差数"算出来,并据此做出最终的决定。

第二节　职业生涯目标的设定与评估

一、职业生涯目标的设定

人们要想在未来职业生涯中获得成功,首先应该确定一个切合实际的职业定位和职业目标,然后把目标进行分解,设计出合理的职业生涯规划图,接着按规划付诸行动,经过不断努力和调整之后,直到实现职业发展目标,获得职业的成功。

（一）目标设定 SMART 原则

制定职业生涯目标有一个"黄金准则"——SMART 原则。好的目标应该符合 SMART 原则。

1.Specific（具体的）

什么样的目标才是具体的呢？例如，"我要成为一个好人"，这个目标就太虚了，什么叫"好人"，一个无法明确定义的目标不是具体的目标。而"成为一个能经常陪伴孩子的父亲"，这个目标就比较具体。

2.Measurable（可衡量的）

目标如果不能衡量，人就难以确定是否完成。以"成为一个能经常陪伴孩子的父亲"为例，它虽然具体，但无法衡量，因为不知道什么情况下才算是"经常"，是一周一次还是每天一次？每次多长时间？所以说，目标一定要有明确的标准可以衡量。

3.Attainable（可达到的）

如果一个人设定的目标遥不可及，他还会努力吗？比如说，小明现在最多能一口气做 50 个俯卧撑，他定了个目标，说一周后要能一次做 300 个，显然这个目标是难以实现的。当这个目标成了不可能完成的任务时，几乎没有人会为此努力。

4.Relevant（相关的）

一个人设定的目标要和他想达到的结果有关系，否则努力了半天，结果却是南辕北辙。举个简单的例子，小红为了减肥，定了个目标食谱——每天吃三斤牛肉、两个鸡腿、四斤饭，这个目标很具体、能衡量也能达到，但是它和小红实际想要的结果相悖。

5.Time-bound（有时限的）

一个人设定的目标能满足以上四个要素还不够，还差一个重要的因素，那就是准备在多长时间内完成这个目标，也就是时限。人们不可能无限期延长目标的完成时间。

总之，一个人在设定好目标后，需要用这五个要素衡量一下，看是否都满足，满足这五个要素的目标才是一个有效的目标，才能更好地指引自己的行动。

（二）确定职业目标的方法和步骤

职业目标是一个人在职业上的追求、期望。如人力资源总监就是一个职业目标，而人力资源方面的工作就不是职业目标，只是一个职业发展方向。职业目标可通过理论、想象、情境、实践、榜样来获得。

确定职业目标的参考步骤如下。

第一，要知道自己过去一直想做的事，这样会找到自己的兴趣，自己在最寂寞的时候也不放弃的心中那份追求就是自己想做的事情。

第二，要知道自己现在能做的事，包括自己的知识、经验、技能、思维方式、能力等，这样能保证自己可以找到想做的切入点。

第三，要知道自己将来期望做的事，即职业期望。

将三者结合起来就可以找到自己的职业目标。

一个人通过这样的方式建立的职业目标不会不喜欢，也不会发生现在不能切入的问题，而且一旦进入不会轻易跳槽。

二、职业生涯目标的评估

（一）职业生涯成功的标准

职业生涯成功是指个人职业生涯目标的实现。弄清职业生涯成功的标准，有利于人们对职业生涯进行评估。

古今中外，职业生涯成功是人们一生不断追求的目标。对组织来说，个体实现职业生涯成功意味着组织成功开发了人力资源，能对组织成功产生深远的影响。

在20世纪60年代，职业生涯成功一开始被定义为一种积极的结果，比如一些公认的成就、个人愿望得以实现、财富和地位等。因此，过去大部分学者对个体职业生涯成功的研究都是使用客观的职业生涯成功标准来展开的。所谓客观的职业生涯成功标准，包括了个体在特定岗位上的总体报酬、晋升次数以及其他与成就有关的外部标志。例如，有学者认为，客观的职业生涯成功是指个体在工作中获得的与工作相关的成就，常用个体所取得的晋升和薪酬成就来衡量；也有学者认为，客观的职业生涯成功应该用诸如工作职衔、薪水或晋升等外在的标尺来衡量，因为这些标准具备代表性；还有学者在研究过程中使用工作地位、晋升、声誉、头衔以及任职年限等标准。因为在当时的职业生涯中，个体终生在一个组织环境比较稳定的组织中工作，只需要按照组织中的职业发展通道向上晋升与发展，因此出现了这种评价标准。总之，在当时与职业生涯成功相关的研究中，学者主要把职业生涯成功定义为一些外在的、客观的标准，故职业生涯成功标准是由他人以可观察到的、可证实的成就做出的职业评价，忽视了主观成功标准的研究和运用。

后来，由于组织环境和知识技术不断变化和革新，组织与个体之间的稳定关系不再依旧，个体不可能一辈子只服务于某一组织，于是出现了在组织中获得高收入的高职位的员工未必一定感到职业生涯成功的现象，他们反而会由于工作和家庭的压力而感到职业上的满意度下降。因此在对职业生涯成功的研究中，越来越多的学者开始注重个体对职业或工作中的内部感受和评价，即关注于主观的职业生涯成功的研究。

主观的职业生涯成功是个体对自身工作经历或职业发展结果的内在理解和评价，包括个体对自己职业的理解和评价，涉及很多与个体相关的维度，比如内在工作的满意度、自尊、对工作角色或制度的感受等，这种定义更符合学者提出来的"无边界职业生涯模式"。

在无边界职业生涯模式的背景下，职业生涯成功通常指个体在工作中不断积累和获得的工作上的成就和积极的心理感受，并将职业生涯成功分为主观的职业生涯成功和客观的职业生涯成功。但亚瑟认为，职业生涯成功除了主观成功和客观成功之外，还应包括组织之间的流动性和组织之外的生涯支持。故此，个体的流动性被视作职业生涯成功的重要标准。

随着当今时代职业生涯环境的多变发展，个人将会面临更多的挑战。因此，越来越多的学者认可无边界职业生涯成功标准，即个体的职业生涯不再跟过去一样是一种单一的模式，不再意味着一系列职位的升迁，职位有可能会沿着水平方向发展，此时个体或许不能获得更丰富的报酬或权利，但能够获得专业发展、声望以及心理上的成功。

在此背景下，伊比提出，无边界职业下的个体可能会在多个组织中变换工作甚至职业，可通过三重定义来衡量职业生涯成功：个人职业满意度、知觉到的组织内部市场的自我竞争力、感知到的组织外部市场的自我竞争力。

一般来讲，为了避免由个体自陈的主观偏差，更客观地分析个体职业生涯成功，人们通常会综合测量主、客观职业生涯成功的测量指标，以更全面更准确地测量职业成功。

（二）职业生涯目标评估的程序

1. 重温职业生涯目标

第一，经常回顾自己的构想和行动计划。有的人虽有计划，但总不将计划放在心上，不知道自己努力的方向在哪里。

第二，把自己的构想和任务方案存入电脑，或贴在床头等可经常看见的地方，时刻提醒自己。

第三，当自己做出一个对生活和工作极其重要的决定时，请考虑一下自己的构想和行动计划，并确保自己正在仔细考虑的决策与自己的本意相符。

第四，常常问一问自己：我正在做的是最想做的事吗？我真的适合做这个职业吗？我能如期完成既定目标吗？我是否将重心放在了最重要的地方？

2. 分析当前的实际情况

深入分析当前的实际情况，观察与当初目标的吻合程度，具体步骤如下。

第一，确定目前的位置，判断实际行为效果与期望值的偏差。

第二，研究导致失败结果的原因。

3. 运用结果修正、完善目标

第一，采取及时、适当的纠正措施。

第二，调整策略，改变行动。

经常自省是必要的，过程监督也十分重要，应保证至少每三个月检查一次自己的工作进度。要有意识地回顾得失，检查前期策略的执行效果，有针对性地提出解决方案，纠正阶段目标中出现的偏差。

第三节　职业决策中的 SWOT 分析

一、SWOT 分析法概述

（一）SWOT 分析法的概念

SWOT 分析法是一种综合性战略分析法，又被称作"态势分析法"。在 SWOT 分析中，首先将被分析对象内部的优势与劣势及外部的机遇与威胁四种独立的因素进行科学归纳，再按照固有的矩阵模型进行排列，然后运用系统的思想把相互独立的因素加以综合分析，从而得出不同的战略，最后再根据实际情况进行战略选择，制定出科学的战略决策。

SWOT 是 Strengths（优势）、Weaknesses（劣势）、Opportunities（机遇）、Threats（威胁）四个英文单词的首字母连写。

（二）SWOT 分析法的优势和劣势

SWOT 分析法的优势是简单、直观，在没有精确数据和专业工具条件下，也能得出专业的分析结果。

SWOT 分析法是采用定性的方式来进行分析，不免会有一定的主观性，使分析结果不够精确。

（三）SWOT 分析法的应用领域

SWOT 分析法可以帮助特定的组织查找、分析在实施工作时成功与失败的原因。它不仅对组织内部的优势、劣势因素进行分析，而且可以对组织外部的发展机遇与威胁因素进行分析，帮助分析者辩证而全面地思考问题。该分析方法把内外部影响因素动态化有机结合起来进行分析，极大地方便了组织及时调整工作动态，促进了组织提高决策的水平与质量。

目前，SWOT 分析法已经应用于各行各业的发展策略、发展规划、发展战略制定的研究工作中，主要包括：在企业方面，根据企业内外部工作优势、劣势、机遇、威胁因素分析结果，制定企业发展规划、发展战略，如中小航运企业发展策略、品牌服装企业战略；在公共事业发展方面，制定事业单位发展策略，如事业单位人事管理体制；在个人职业发展方面，用于个人职业生涯规划的综合分析，制定个人职业生涯目标发展策略以及行动计划，如教师自我发展研究；在旅游发展规划方面，用于旅游计划的综合制定，如主题公园旅游规划；在高等教育方面，分析高等教育发展中存在的问题，提出高等教育发展策略，如高职院校发展研究。此外，在国家策略发展方面、自然资源方面、环境保护方面、城市规划方面、人力资源发展策略方面，SWOT分析法都得到了应用。

在 SWOT 分析中，我们可以将问题按轻重缓急加以分类，明确哪些是目前急需解决的问题，哪些是可以随后解决的事情，哪些属于战略目标上的障碍，哪些属于战术上的问题；并将这些研究对象列举出来，依照矩阵形式排列；然后用系统分析的思想，把各种因素相互匹配起来加以分析，从中得出一系列相应的结论。而结论通常带有一定的决策性，有利于管理者做出正确的决策和规划。

（四）SWOT 分析法的应用步骤

SWOT 分析法，即"优势—劣势—机遇—威胁"的模型，通过对组织所处的外部环境和内部状态等一系列条件的分析判断，帮助决策者识别组织内部的优势和劣势、组织外部环境的机遇和威胁，以确定相应的生存和发展策略。SWOT 分析法的应用步骤如下。

第一步，对组织内外部各方面的优势、劣势、机遇、威胁的内容进行总结、分析、概括。优势（S），是指组织内部的工作优势，包括组织的内部技术优势、人员优势、成本优势、资金来源优势等；劣势（W），是指组织内部的工作劣势，包括组织内部的设备老化、人员技能缺乏、资金短缺、管理混乱、运作不畅通、监督不到位等；机遇（O），是指组织外部的工作机遇，包括新的技术、新政策、新的领域等；威胁（T），是指组织外部的工作挑战，包括行业政策变化、服务对象变化等。

第二步，将优势、劣势、机遇、威胁等各种因素按照轻重缓急或影响程度等排序，构造二维矩阵。

第三步，将各因素进行系统结合、相互匹配，得到 SO 象限、ST 象限、WO 象限、WT 象限。

第四步，策略选择，制定具体改善措施，发挥优势因素，克服弱势因素，利用机遇因素，化解威胁因素。

二、SWOT 分析在职业决策中的应用

作为一种通用的决策分析方法，SWOT 分析法并没有使用的领域限制，它完全可以应用于职业发展规划中。我们可以把原本对企业内部环境的优势分析和劣势分析，在职业决策的过程中转换为个体自身的优势和劣势分析，把企业外部环境中的机会分析和威胁分析转换为对职业环境因素以及各种可供选择职业前景的分析。综合自身的优势和劣势，认清周围的职业环境和前景，个体可以减少职业决策的难度，更容易地确定职业发展规划方案要点。

个体职业决策的 SWOT 分析主要包含以下步骤。

步骤 1：明确职业发展方向和职业发展目标。这部分内容可由职业生涯决策平衡单分析确定。

步骤 2：分析环境。客观分析环境因素，如社会、经济、政治、技术、劳动力市场等。

步骤 3：识别机会和威胁。系统地审视外部环境中存在的机会和威胁。寻找机会以回答"我应该做什么"，识别威胁以回答"我不应该做什么"。

（外部环境分析由步骤 2 和步骤 3 结合而成）

步骤 4：分析个人的能力和兴趣。自己是喜欢同事务打交道还是同人打交道？是否具有较高的数字和科学研究能力？是否喜欢独立工作？是否喜欢解决问题？

（步骤 4 要求分析者系统而客观地分析个人的能力和兴趣。如果一个人拥有与他人所不同的职业能力，那么这种能力就是其核心竞争力，是其获得竞争优势的法宝）

步骤5：识别优势和劣势。分析优势以回答"我能够做什么"，分析劣势以回答"我不能够做什么"的问题。

（内部环境分析由步骤4和步骤5结合而成；将步骤3和步骤5结合起来，就构成了对个人内部环境以及外部环境的综合评估）

步骤6：制定职业发展策略。在内外环境分析的基础上制定出职业发展策略。

SO策略（优势与机会策略），即回答"如何加强自身优势，把握外部机会"；ST策略（优势与威胁策略），即回答"如何利用自身优势消除或减弱外在威胁"；WO策略（劣势与机会策略），即回答"如何消除或减弱自身劣势，增大外部机会"；WT策略（劣势与威胁策略），即回答"如何在内外困境中尽可能减少不利影响"。

步骤7：重新对内外环境和职业发展策略进行评估，尽可能做到客观和理性，减少非理性因素影响，使评估过程更现实、科学、可行。

步骤8：确定职业规划要点。根据SWOT分析结果，对未来职业发展规划方案中需要注意的问题和所要做的事情进行归纳和列举，明确职业发展规划中的具体内容。

第四章　大学生职业生涯规划的设计与实施

本章分为大学生职业生涯规划目标的制定、大学生职业生涯规划的基本步骤、大学生职业生涯规划的常用方法、大学生职业生涯规划方案的制订、大学生职业生涯规划的实施分析五部分，主要包括大学生职业生涯规划目标制定的原则、大学生职业生涯规划目标制定的流程等内容。

第一节　大学生职业生涯规划目标的制定

一、大学生职业生涯规划目标制定的原则

对于大多数大学生来说，做出职业选择本身不是一个难题，困难的是将其付诸实践，在职业方向已经明确的前提下，仍无法执行职业决策的现象不在少数，究其原因在于缺乏具体可操作的行动方向和指南。可见，具体的职业生涯目标和详细的职业生涯计划，是职业选择得以顺利执行的重要保障。

制定明确的职业生涯目标，首先要遵循实际原则，这需要大学生统筹兼顾，结合自身的主客观实际确定目标；然后要遵循具体原则，这需要大学生将职业生涯总目标按阶段分解成一个个小目标，可以以学年为单位，也可以以学期为单位，更细致的甚至可以以月为单位，但目标的分解也不能天马行空，总目标和小目标之间要有逻辑性较强的内在联系；最后要遵循时效性原则，这需要大学生赋予小目标明确的完成时限，具体时间期限可视自身能力决定。

二、大学生职业生涯规划目标制定的流程

大学生各自的条件不同，职业生涯目标也会各不相同，但是，大学生职业生涯规划目标的制定流程是基本相似的，具体分析如下。

（一）分析职业发展环境

任何人制定职业生涯规划目标，都应该首先考察职业发展宏观和微观环境，

并对整体环境进行全面、深入分析，如此才能结合环境制定科学合理的职业发展目标。

大学生要分析自我职业发展环境，加强对自我以及职业环境的认识，这有助于大学生设计出切实可行的、适应自己的个性特征和偏好的职业生涯规划目标。

就我国大学生就业现状来看，一些大学生在求职过程中屡屡受挫，一直找不到理想中的职业，就业方向不确定，对就业形势不了解、行业发展动态不熟悉，找工作完全靠碰运气，这就很难有较高的成功率。这时大学生要做的并不是怨天尤人，而是应该认真反思，自己在求职之前是否认真分析了职业发展环境。

大学生要想提高就业和创业成功率，制定出科学合理的职业生涯规划目标，就必须对自我职业发展环境有一个充分的了解。

（二）制定职业生涯规划概念目标

大学生制定职业生涯规划目标，先制定长期的概念目标是比较合理的，包括长期的职业生涯规划概念目标与短期的职业生涯规划概念目标。

首先，大学生应该明确自己在未来一段时期内想要从事哪一种类型的工作、从事哪些活动、希望承担哪些责任并希望收获哪些回报。在职业生涯规划概念目标的制定过程中，大学生应充分考虑自我的职业兴趣、需要、价值观、期望等特点，职业目标应涉及工作职责、物质环境、生活方式、人际交往等具体内容。

其次，大学生应结合已经制定好了的职业生涯规划的长期概念目标，制定短期的概念目标。短期概念目标是实现长期概念目标的基础，长期概念目标是短期概念目标实现的结果。只有一个个短期概念目标实现了，长期概念目标才会很快实现。

在这里需要特别提出的是，大学生制定职业生涯规划概念目标，应体现出概念目标的表现功能，而不能将其作为工作发展阶段的终点；同时要充分考虑短期概念目标能否给自己带来有兴趣、有意义的工作内容与任务，能否满足自己这一阶段的职业发展需要和生活方式、社交等需要，能否为更高层次的职业发展目标的事项带来巨大的回报。

（三）制定职业生涯规划行动目标

所谓行动目标，就是将概念目标具体化为某一特定工作或职位。具体来说，大学生应该在职业生涯规划概念目标确定之后，充分考虑什么样的行业、职位、岗位能为自己的职业发展提供机会，能满足自己的职业发展需求。

大学生将职业生涯规划的概念目标转化成行动目标应注意以下几点。

第一，对职场环境进行充分考察。

第二，搜集各类信息，并进行整理、分析，估计列出能够实现自己的概念目标的具体行动目标。

第三，对一个或几个行动目标的相关活动和回报进行评估，评价每一个行动目标的适当性。

第四，选定最佳目标，并列举实现目标所需要的条件，部署行动计划，完成条件任务，促进目标实现。

（四）制定内、外职业生涯规划目标

外职业生涯规划目标，指规划职业过程的外在标记，包括工作的环境、地点、职位、内容、收入、达到程度等。

内职业生涯规划目标，指规划职业生涯过程中的知识和能力的积累、观念和能力的提高以及内心的感受。要实现内职业规划目标，大学生应做到以下几点。

第一，完善观念，使自己变得更加稳重和成熟。

第二，提高心理素质，以更好适应工作压力。

第三，提升工作能力，以适应岗位要求。

第四，做出一定的工作成果。

第二节 大学生职业生涯规划的基本步骤

一、自我评估

自我评估，对于大学生来说，主要是了解兴趣、学识、技能、情商等与大学生本人相关的所有因素。自我评估的结果可以通过自我剖析、职业测试及角色建议等方法获得。

在上述方法中，大学生在利用人才测评量表认知自我之前，应认真阅读测试指导语，并在一个较为安静的场所进行自我心灵的交流，完全遵从真实的自我。这一点是保证测试结果准确的重要环节。

另外，采用非标准的评估方法，如访谈、360°评估、关键事件分析等进行自我探索也非常必要，是全面、客观地澄清真实自己的有效方法，可帮助大学生更好地把握自我的职业兴趣、个性特征、价值取向、行为风格等。

二、环境分析

职业是人们为了谋生和发展而从事的相对稳定、有经济收入、专门类别的社会活动。大学生通过探索工作世界，可以了解职业环境，掌握职业的分类和内容，了解具体职业对工作人员的要求，从而找到适合自身发展需要的职业；并依据职业生涯发展的长远目标，结合自我探索的结论，找到个体与职业的最佳匹配，发现实现理想的道路和方法。在此分析中，包括对劳动力市场和劳动力变化情况的分析。

①劳动力市场。劳动力市场是在劳动力管理和就业领域中，按照市场规律，自觉运用市场机制调节劳动力供求关系，对劳动力的流动进行合理引导，从而实现对劳动力的合理配置机构。它是配置劳动力并且协调就业决策的市场。

②劳动力变化情况。当前技术及职业变动快速，失业将是一个长久存在的问题，我国劳动力供大于求的状况要持续多年；国家户籍政策的放宽，使工作迁移成为越来越普遍的情况；人力需求结构以高、低两层人才为主，形成两极化的倾向。

（一）现代职业社会的特点

在现代社会，个人职业选择自由度空前提高；职业变动不断趋于公平，个人能力成为职业获得的重要因素；职业和岗位的变动频繁，新职业层出不穷；科技化与自动化不断发展，导致工作内涵变化，需要从业人员具备技术基础与广博知识；研究与发展的工作将日趋重要；知识与信息的保质期越来越短；知识、信息的暴涨，使及时更新成为生存的必要技能。可以说，在信息社会中，唯一不变的就是"变"，我们不能只期望单一的教育形态来帮我们度过一生，没有任何一种教育和技能可以在未来的社会中一成不变，这是21世纪的人必须具有的信念。

（二）职业社会探索方法

1. 静态的资料接触

①资料获取途径：出版品、视听资料、行业展览会、人才交流会、网络和直接观察等途径。

②资料获取机构：学校、政府、公司、专业俱乐部、专业协会/学会等机构。

2. 动态的资料接触——生涯人物访谈

第一，生涯人物访谈流程，主要包括以下几方面。

①了解自我。

②寻找生涯人物。

③结合目标信息设计访谈问题。

④预约生涯人物。

⑤采访生涯人物。

⑥分析。

第二，生涯人物访谈的注意事项，主要包括以下几方面。

①结合自身特点。

②做好访谈前各项准备。

③关注访谈中的细节问题，突出重点。

④访谈过程中学会倾听、提问，并做好记录。

⑤辩证地分析访谈到的内容。

⑥做好资料的整理和讨论交流。

3. 参与真实情境

具体来讲，包括直接工作和社会实践等途径。

目前我国有关职业的基本事实：总共有超过 20000 种职业，对于大多数人来说，有数种职业适合他们。调查表明，各个经济收入阶层和各种行业领域的人都热爱自己的工作，但是没有哪一种工作能够完全满足一个人所有的需要。所有工作都有其局限性和令人失望之处，因此，人们需要通过其他活动来平衡生活，才能感觉到人生的丰富与完整。

劳动力市场和经济形势时常发生变化，甚至是急剧的变化。有的行业在目前可能充满了机会，但也可能会在数年内饱和。变化是生活的一部分，我们的决定很可能不会持续一生，因而需要不断调整和变化。我们需要学会如何应对工作的变动，而不是如何去避免它。

三、目标确定

我们可以经过自我分析，再结合自己所处的内、外部环境，确定最终想达到的职业目标。职业目标可以分为超长期目标、长期目标、中期目标、短期目标。超长期目标和长期目标是整个职业生涯的方向标，例如，我们将来想成为 CEO（首席执行官）、CFO（首席财务官）、CHO（首席人才官）、COO（首席运营官）、CMO（首席市场官）、CTO（首席技术官）等成功职业人士，还是想成为成功的创业者，或将来想成为某领域的专家、学者或自由职业者等。

有些人急于找工作，还未选好职业目标就上岗，上岗后觉得不合适，再去找新的工作。也许年轻时在基层岗位上频繁跳槽也能找到工作，但是，当你想应聘中层岗位时，各企业的 HR 会对你的目标意识以及坚韧性和适应环境的能力打出问号。还有些人编写简历时把短暂、不太成功的不同公司经历合并了，若在背景调查环节或后续工作中被发现，诚信上会受到质疑。因此，职业目标也是助推人们一路坚持不懈、努力奋斗的动力，需要慎重考虑，切合实际、不失前瞻性地制定。

四、策略实施

目标一旦确立后，就需立即制定配套的职业生涯计划，以保证目标的顺利实现。制定明确的职业生涯计划，同样需要大学生遵循实际原则、具体原则和时效原则，从与职业有关的各个方面出发，使短期计划与长期计划相结合，制定详细而具体的职业生涯计划。目标和计划相辅相成，大学生想要化解执行难题，就需要有具体的生涯目标和详细的职业计划。

五、反馈修正

整个职业生涯中，大学生在不断进步，工作世界也在不停发生改变，因此，在此过程中要时刻反省自己，并不断审视环境，对原先的目标和计划进行反思。如果原先的目标和计划不再适合当下的条件，则需要结合现状进行修正和调节，以确保职业生涯规划的有效性。

第三节 大学生职业生涯规划的常用方法

一、"五 What"法

"五 What"归零思考法共有五个问题："What am I? What do I want? What can I do? What can support me? What can I be in the end?"。一个人回答了这五个问题，找到它们的共同点，就形成了自己的职业生涯规划（该方法尤其适合即将毕业的大学生）。

对于第一个问题"我是谁？"，应该对自己进行一次深刻的反思，有一个比较清醒的认识，将个人的优点和缺点一一列出。

第二个问题"我想干什么？"是对自己职业发展的一个心理趋向的检查。

每个人在不同阶段的兴趣和目标并不完全一致，有时甚至是完全对立的，但会随着年龄的增长和经历的增多而逐渐固定。我们可以将答案——记录下来，写完后再想想有无遗漏，确实没有了，就进行认真的排序。

第三个问题"我能干什么？"则是对自己能力与潜力的全面总结。一个人职业的定位最根本的还要归结于他的能力，而其职业发展空间的大小则取决于自己的潜力。我们可以把已经证明的能力和自认为还可以开发出来的潜能——列出来，认为没有遗漏了，就进行认真的排序。

第四个问题"什么能支持我？"要求我们稍做环境分析，只要认为自己有可能借助的环境，都应列在考虑范畴之内；在这些环境中，认真想想自己可能获得什么支持，搞明白后——写下来，再按重要性排列一下。

明确了以上四个问题，我们就能从问题中找到实现职业目标的有利和不利的条件，选出不利条件最少的、自己想做而且又能够做的职业目标，那么第五个问题"自己最终的职业目标是什么"自然就有了一个清晰明了的框架。

二、愿景模型法

愿景模型法是一种对未来的愿望、发展前景或希望、愿意看到的景象进行假设、模拟的方法，其中最重要的就是要知道个人真正的愿景是什么。

（一）个人愿景的界定

个人愿景就是人们心中或脑海中所特有的意象或景象。每个人都希望自己在事业上有所建树，才华得以施展，情感得到尊重，这些都是个人愿景所包含的，个人深度关切个人愿景的实现。

（二）个人愿景的作用

1. 个人愿景具有指引作用

当前高校对于大学生个人愿景的引导处于起步阶段，不少大学生找不准人生目标，为此，就需要实施得当的个人愿景引导，激发大学生成长成才的激情，增强大学生的自信。愿景能够增强大学生的目标意识，引导大学生关注日常具体目标及实现要求，全面提高自身素质，积极规划人生。愿景像人生的指南针，指引大学生不断找准人生的方向，推动大学生按个人愿景的指定方向行进。愿景是困难时期或者转变时期的方向舵，只有能够经受得住时间考验的个体，才能进一步了解自己，有一个清晰的个人愿景，并沿着个人愿景的指引认真贯彻执行。大学生有着这样的个人愿景，才会着眼于未来，忘却眼前的困难，从而产生克服困难的信心和愿望。

大学生在愿景导师的帮助和指导下，总结自身性格、能力、特长的优势与不足，以学习生活经历为参考，将个人愿景同就业愿景结合起来；分析自身家庭环境、社会环境的优劣势，取长补短，为毕业后的工作找准定位。

愿景引导和策划能够促使大学生对自我进行深入反思和探索，并在此基础上对自我进行个人剖析。经过有针对性的探索和深入反思，大学生的个人愿景就能有比较明确的框架，在此基础上，进一步引导个人愿景与职业愿景、班级愿景相结合，从而实现质的飞跃。

2. 个人愿景具有激励作用

激励是人类最基本的感情需求，具体的感情需求包括期望被关注，期望与众不同，感觉到自身的作用，感觉到自己是成功而有价值的。大学生对于个人愿景的追求，其所期望的回馈，不仅来自学校的奖励和家庭的期许，也来自内在的、心灵的满足。激励是一种高校管理者与大学生之间基于个人愿景推进与目标达成的考虑而必须建立的正向的互动关系。

大学生在自我激励、调整和受教育的过程中，不断自省、自立、自强、自律，体验着个人愿景的价值，感悟着个人愿景的意义，朝着人生目标前行。

3. 个人愿景具有评价作用

每个大学生都应该根据自己的个人愿景，对自己各方面的情况进行全面的分析与评价，对自身的精神与身心状态、自身各方面的能力水平、自身的优点和缺点、自身的知识水平与所学专业的性质等有关情况都要有较为清晰的认识和评价，对自己的个人愿景和人生目标有一个较为准确的定位。这主要体现在以下几个方面。

一是愿景引导能够帮助大学生全面了解自己的兴趣。只有根据自己的兴趣去学习和工作，才能产生无穷的动力，充分发挥个人的潜能。大学毕业生应当根据自己在大学四年中树立起来的个人愿景和就业愿景，对自己的职业倾向做出一个相对客观的综合评判，有针对性地拓展自己的就业途径和择业范围，达到自我评估的目的。

二是通过个人愿景引导把握自身的气质特点。大学生在选择职业时通过愿景引导选择与自己的气质相适应的职业。当认识到气质和职业的关系时，可以去改变或是培养，可以靠执著的追求来实现理想，这也是自我评价的一种表现。

三是结合个人愿景对自己的性格进行评价。大学生的性格已基本趋于成熟，结合自己的个人愿景分析自身性格来选择职业，可以帮助毕业生找准个人喜好与事业的最佳切合点。在求职和择业过程中，大学生可以弥补某些性格方面的缺陷，努力适应职业需求，调整个人愿景，树立新的人生目标。

四是正确评估自己的能力水平。人的能力水平参差不齐，每个大学生都应当客观地认识到自己的能力水平，并将此作为择业的重要依据。既不要过高估计自己的能力和水平，选择超过自己能力和学识的工作；也不要过分低估自己的能力，以致大材小用。

（三）个人愿景的建立

人在做自己真正想做的事情时，就会精神焕发、充满热情，当遭受挫折的时候，也会坚韧不拔，认为是自己该做的事，觉得很值得做，意愿很强大，效率自然也提高了。

每个人都有自己的愿景，但在很多情况下，人们对自己的愿景往往是模糊的或者是有误解的，这样就会造成行动的盲目性。以下三个步骤可以帮助大学生厘清自己的愿景。

第一，想象实现愿景后的情景。你的感觉如何？是不是你真正想要的？

第二，形容个人愿景。想象你正在达成你一生最渴望达成的愿望，这些愿望会是什么样子？请你回顾你的小学时代、中学时代、高中毕业时代以及现在的个人愿景，其中哪些愿景实现了，哪些没有实现，原因是什么？

第三，检验并弄清楚愿景。分步检查你写下来的个人愿景，从而找出最接近你内心深处的层面。如果你现在就可以实现愿景，你会接受它吗？假如你现在就实现了愿景，这愿景能为你带来什么？如果你接受了它，你的感受又是怎样？

第四节　大学生职业生涯规划方案的制订

一、大学生职业生涯规划方案的制订原则

古人刘向说过"谋先事则昌，事先谋则亡。"在就业岗位竞争激烈的当下，如果不能提前谋划好策略、做好准备，那么就很难取得自己想要的岗位。大学生涯是短暂的，四年的高校生活更是转瞬即逝。大学生即将成为工作者，这是一个跨越人大半生的角色，工作的岗位则决定了个体的发展趋势，所以初期的

工作选择尤为重要，当然，自身如果达不到岗位的要求，当机会来临时也会擦肩而过。

大学生应该充分认识到职业生涯规划的重要性，并将其真正地应用到实际生活中。科学制订生涯规划方案是非常重要的，它决定着规划执行的可行性和有效性。在制订方案时应该遵循以下几个原则。

（一）科学性原则

大学生在制订计划时应该采用专业的工具和方法，而不是仅凭自己的想象，并且要对自己有充分的认知，思考自己的兴趣、能力、爱好，之后对职业进行多方位了解，大到职位在社会中的走向趋势，小到岗位的具体内容和对自己的要求。实践出真知，大学生要勇于在实践中发现问题，并且进行更改修正，只有这样才能更好地完善计划。

（二）具体化原则

内容规划的细致程度影响着计划的可执行性，内容越详细就越容易完成，并且每完成一件都会获得成就感，完成最终的目标就会越来越有动力。根据相关的调查问卷和结果得知，有明确计划的学生在日常生活中更充满活力，做事更有积极性，而没有计划、目标不明确的学生在生活中会有些迷茫不知所措。调查问卷中计划很明确的学生只占 24.55%，不明确的学生占 67.96%，没有计划的学生占 7.49%，可见很大一部分学生没有具体计划。相关学者认为，在制订计划时可以划分成年度计划、月度计划、周计划、日计划，以及细化到每天具体的每个时间段，并且写在纸上，这样具有仪式感，更能促使自己执行。

（三）个性化原则

每个人都是独一无二的个体，所以在制订职业生涯规划方案时要注意自己的特长，取长补短，这样才能形成自身就业的核心竞争力。我们要充分开发自己的能力，积极地探索自身的价值。

（四）灵活性原则

社会的变动是复杂的，在执行计划时要与时俱进、灵活变通，执行计划并不是墨守成规，一成不变地按照"剧本"去行动，因为实践过程中多少会出现偏差，所以要根据实际情况进行调整。

二、大学生职业生涯规划方案的制订流程

要获得适合自己的职业生涯规划方案就必须按照职业生涯制订的流程，认真做好每个环节。职业生涯规划方案制订的具体流程如图 4-1 所示。

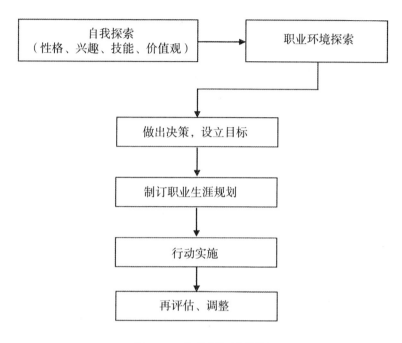

图 4-1　方案制订流程图

职业生涯规划是人力资源管理中的一个非常重要而又较为新颖的课题，是人力资源管理在激发员工潜能方面的发展趋势。以人力资源的视野引导学生发掘自身的爱好、优势，使他们树立正确的职业观念和职业理想，学会根据社会需要和自身特点进行职业生涯规划具有十分重要的现实意义。

大学生职业生涯规划就是大学生在明确自己兴趣、爱好的前提下，在认真分析个人性格特征的基础上，结合自己的专业特长和知识结构，对将来要从事的工作所做的方向性方案。大学生在走向社会前，将现实环境和长远规划相结合，给自己的职业生涯一个清晰的定位，是求职就业乃至将来职业升级的关键一环。

第五节　大学生职业生涯规划的实施

一、大学生职业生涯规划实施的问题及成因

（一）大学生职业生涯规划实施的主要问题

1.政府就业政策实施维度的问题

我国政府虽然针对高校大学生制定了就业创业政策，实施了促进就业及预防失业的政策，但在政策实施过程中也存在问题。结合就业政策落地的情况来看，学生对促进就业创业政策实施的满意度调查情况来看，大学生就业和职业发展明显受到政府政策的影响，但就业财政政策的优势受到了一定程度的限制，不能将政策红利完全落实到大学生身上。在政府就业政策实施方面主要存在的问题有以下几个方面。

（1）就业创业财政补贴的实施力度不够

高校毕业生自主创业优惠政策的主要内容包括以下几方面。

第一，税收优惠政策。按照我国法律法规的规定，由高校毕业生创办的小型微利企业享受有关税收扶持政策的支持。

第二，享受培训补贴。对于在毕业学年内参加创业培训的大学生，国家将根据其获得的创业培训合格证书或就业、创业的具体情况，按照规定向他们提供适当的培训补贴。

第三，免费提供创业指导服务。对于打算创业的高校毕业生，他们可以免费获得由公共就业和人才服务组织提供的创业指导服务项目。

第四，为促进大学生创业的孵化基地提供相关的扶持政策。

根据对当前"促进就业及预防失业的财政政策的实施效果"的调查，可以发现：效果最为明显的是社会保险补贴（占41.6%），其次是职业培训补贴（占29.5%）、一次性职工创业活动补贴（占29.5%）、公益性岗位补贴（占23.5%），效果最不明显的是一次性劳动就业补助（占1.5%）。由此可见，社会保险补贴发挥了重要作用，也说明学生真正从求职创业政策中（如创业活动、公益事业、劳动就业补助）能够获得的帮助十分有限。

（2）就业政策实施的服务效果总体评价不高

据了解，在现行与促进大学生就业和促进学生创业有关的政策实施的整个过程中，关键是由公共就业和创新型人才服务组织为高校毕业生和学术研究专业人员免费提供的各种公共服务，如政策咨询、职业咨询指导、专业介绍、就业救助、就业与失业注册登记或求职注册登记等，这也为高校毕业生和用人单位建立了供需相互对接的服务平台。

由各地方教育部门、各高校组织成立的就业指导机构为应届毕业生提供多项专题就业指导和服务。政府部门应积极鼓励各种职业中介服务机构向高校毕业生提供就业信息和详细的服务项目。根据调查结果发现，超过半数的学生对其所处地政府的政策实施效果表示满意，但仍有小部分的学生对政策实施效果感到一般或对其表示不满意。

根据对"所在地公共就业和人才服务机构提供的就业创业服务网站的满意度评价"的调查，可以发现，仅有14%的学生表示满意，36%的学生感觉一般，17%的学生不满意，剩余33%的学生则表示对这个网站并不知情。由此可以看出，在就业创业网站建设和服务方面存在着薄弱环节，最大问题在于大多数人不知道该网站及如何从网站获取服务。这说明了即使有好的就业创业政策，因为服务的滞后和受限，也很难对大学生就业起到实际的帮助。

2. 高校实施职业生涯规划指导维度的问题

（1）没有开设专门的职业生涯规划课程

2007年，国办发〔2007〕26号文件明确提出"将就业指导课程纳入教学计划"的要求，教育部制订了《大学生职业发展与就业指导课程教学要求》。2008年，教育部发文要求所有高校开设就业指导必修必选课，不少于38学时。

对"高校开设职业生涯规划课程并指定专门教师情况"的调查显示，学校开设了专门的职业生涯规划培训课程并由教师定期进行指导的占38.1%；学校开设了职业生涯规划培训课程但没有专业教师专门进行指导的占51.3%；学校举办了职业生涯规划讲座的占10.6%。以上数据表明，学校虽开设了职业生涯规划课程，但没有定期对学生进行培训和指导的仍占大多数，这将不能确保让每个学生都得到专业的职业生涯规划指导。

（2）职业生涯规划教师的专业化程度不高

在西方教育中，职业生涯规划的理念是人们普遍具备的，大多数人自小学起就开始逐步探索自己的职业角色。对于这种贯穿整个教育阶段的职业生活和职业生涯规划教育的坚持，可以使他们基于社会工作的要求以及自身的职业兴趣和爱好进行恰当的职业定位。但是，在我国，在大学生就业日益接近期间，只有大学才能够为他们提供专业的就业指导和职业生涯规划服务，并且这种指导所发挥的作用十分有限。高校的职业生涯规划指导还未能完全形成体系，不能连续性、全程化地为学生提供教育指导服务。

据调查所知，部分高校仍缺乏具有行业背景和丰富工作经验的师资力量，师资力量薄弱，不足以带动学生做好职业生涯规划，严重影响了学生的职业发展。

结合部分高校的专业教师的实际情况，可以看出高校中大多数从事职业生涯规划教学的并非专业性教师，而是专业课程的教师、辅导员、校外兼职教师，由此造成了学生在校期间接受职业生涯规划指导受限，职业生涯规划的质量不高、成效不明显。大多数教师的研究领域不涉及职业生涯规划，这使教师对从事职业生涯规划教学的工作感到无从开展，表现为虽然在实践教学中做了大量的准备，但却不能针对学生所提出的问题做好针对性指导。由此可见，师资力量的专业性和职业性是决定职业生涯规划指导工作能否更好地发挥作用的关键原因。

实际工作中，部分学校和企业进行合作教育，建立了以工作任务为驱动的产学兼容的教育模式。学院为了让学生与社会需求无缝对接，顺利地实现自己的职业生涯，主要采取了以下合作培养模式：为每一位学生制定了实施产学协作教育"定岗工作"的目标，向学生明确了任务及具体要求，采取实地工作查访、网络指导和工作评分等方式，确保"定岗工作"的质量。学生未能按照岗位的要求保质保量完成"定岗工作"任务的主要原因之一是专业教师没有认真细致地落实学院对指导教师的每一项工作要求。学生缺乏专业教师的指导和督促，所以在工作中比较随意，即使在工作中遇到困难和专业问题也不能及时解决。

3. 大学生职业生涯规划主体维度的问题

（1）择业与专业匹配度不高，难以发挥个人能力

通过调查发现，学生择业、择校与专业选择具有普遍的"盲目性"和"盲从性"，不能发挥自己的能力个性，忽略了个人优势和价值。相当多的学生更渴望经济收入和短期回报以至于盲目择业，从而放弃自己的专业，难以发挥个人优势创造自身价值。学生通过创业来改变就业困境或转变职业，如果没有经过良好的创业培训和职业指导，没有较稳定的收入，学生也不能获得职业幸福感，势必又会造成新一轮的"失业"。

（2）职业满意度不高

调查发现，刚毕业上岗的学生对于工作评价为"满意"的占67%，第二年评价为"满意"的占21%，第三年评价为"满意"的仅占12%。大多数学生往往在适应并能够胜任岗位工作后的不长时间便会出现职业倦怠，导致岗位流失率较高。就岗位的稳定性而言，大学生在工作后的1—2年趋向于基本稳定，而后的第三年岗位频繁更换或流失，这也导致了大学生的失业率增加，没有体现出学校对学生职业生涯规划教育的效果。

（二）大学生职业生涯规划问题的成因

1. 学生方面的原因

职业生涯规划的制订需要个体基于自身内在心理特征和外部环境的分析，进而选择达到目标应采取的具体步骤和方案规划。作为职业生涯规划的主体，大学生的兴趣爱好、态度、价值观等，都会对其个人职业生涯规划产生影响。基于调查结果，学生职业生涯规划不理想，可能有以下几方面的原因。

（1）自我认识较为主观

根据问卷数据统计结果显示，有49%的学生认为了解自己的性格脾气，43.3%的学生认为了解自己的兴趣爱好，但据教师普遍反映，学生缺乏对自身的理性思考和深度剖析，对自己的性格、优势和缺点并非真正了解，自我认知出现偏差。调查发现，多数大学生对自己的知识体系、职业能力和优势劣势表示尚不了解，以至于对能否胜任未来的工作没有十足的把握，就业信心比较缺乏，不清楚在职业生涯中应当如何扬长避短。

大学生出现自我认知不准确的原因，主要是缺乏对自身的客观认识，对于"我是谁""我的特长兴趣"及"我的优势劣势"等问题，多侧重于主观感受而非经过专业测评。除自评法外，学生应在教师的引导下，利用职业测评体系，结合他评法、比较法、心理测验等多种方式客观地认识自己。

（2）自我定位不清晰

相关调查分析显示，仅有极少数的学生比较了解自己适合干什么样的工作，对自己未来的职业发展有一个明晰的方向，但是这部分学生对职业方面的知识了解比较狭窄，并不能正确认识未来职业发展范围。有超过半数的学生对自己所学专业未来的发展不太了解，也没有仔细考虑过未来职业发展情况，而其余的学生则表现为很迷茫，不清楚未来的职业发展方向，没有规划。由此进一步分析，可归纳出以下两个方面的原因。

第一，学生自身定位过高。许多学生在面临求职时缺乏诚信，工作后频繁跳槽和离职。进一步分析其原因是自身的定位过高，其知识结构与技能水平不能达到与就业岗位的无缝衔接，使供需不匹配，这也在一定程度上增加了大学生的结构性失业。学生不能将自身的定位做到高点和低点起步的结合，自身浮躁的心态对定位产生了破坏。学生毕业后还不能清楚地认识到自身价值，自怨自艾、骄傲麻痹都会造成比较严重的后果。前者低估自己的能力，在工作中不能也不敢很好地发挥自己的主观能动性，会错过很多好的机会；骄傲麻痹更是会变成个人发展的绊脚石。

第二，学生没有清晰的职业目标定位。学生将职业目标定位太高或过低。进一步分析其原因是大学生没有自己清晰的目标定位，因此停止努力，停止进取。学生自述自己就像大海中的浮萍没有方向，总感觉有干事、做工作的冲劲但没适合的地方使，有时间也不知道应该干什么。如果工作目标确立太高实现不了，学生会产生很强的挫败感，从而失去职业发展的信心；目标确立太低，学生容易麻痹大意，丧失目标。

（3）对职业生涯规划重视程度不够

具备职业生涯规划意识是开展职业生涯规划的前提，个体只有具有良好的职业生涯规划意识，才愿意进行自我剖析、发掘潜能，积极主动地进行职业探索。在调查中发现，学生的职业生涯规划意识模糊、缺少职业目标。许多大学生单纯地将任务停留在每天的学习上，把个人的职业生涯规划置之度外，甚至推迟到毕业之后再考虑，对职业生涯规划的重视程度严重不足。

（4）自主选择能力较差

部分大学生本身学习能力有限，缺乏自信心，没有自主选择合适的专业，这往往会导致学生学习动力不足，常沉迷于网络游戏或者手机聊天，无法制定相应的学习计划，影响学生职业生涯规划的开展。

（5）对于人生阶段缺少规划

大学生对于人生阶段缺少规划的主要原因体现在以下两个方面。

第一，学生没有建立起科学规划的人生观。很多学生没有建立起科学规划的人生观，导致对职业生涯缺乏长久持续的兴趣和动力。大学生即将脱离学校进入社会工作成为职业人，首先面临的是就业的问题，学生普遍认为第一份工作的开始就是真正的职业生涯的开始。但是，很多学生仅仅是迫于生活的压力、对收入的追求才选择工作，认为只要能有一份自己能干的工作便能有一个收入，而忽略了自身价值的存在。

很多学生刚走出校门在心态上没有充分准备，在工作中表现得又不突出，但是又不安于现状，出现眼高手低的情况，频繁地跳槽，来回地转换行业，有时甚至工作几年都不尽如人意。大学生正面临着中国社会快速的发展和迅速的变化，企业需求人才，职位需求更加精细、更加专业化，而大学生由于对自身的长期规划不足，无法很好地塑造自己、提升自身，从而与社会脱节。

第二，学生没有确立自身的社会价值定位。大学生还没有确立自身的社会价值定位，没有形成正确的人生观、价值观，在进行职业发展的同时，容易头脑发热，追逐短期经济利益，轻信别人歪曲的价值观。这种歪曲的价值观会导致学生在职业发展过程中迷失自己，更加找不到职业发展的方向。因此，学生对于人生阶段缺少长远规划，不能清晰地认识到自己做的工作对社会发展的贡献和产生的价值，也导致自己的职业生涯规划前途一片迷茫。

2. 学校方面的原因

（1）对职业生涯规划教育认识不足

第一，部分领导对职业生涯规划教育认识存在偏差。根据对学校领导的调查发现，还有部分领导对职业生涯规划教育的定位存在偏差，没有将职业生涯规划教育定位到学生素质教育上来。同时根据访谈可知，部分校领导对职业生涯规划教育目标的认识有偏差，他们认为学校开展职业生涯规划教育是为了提高就业质量，但这只是一个方面。树立正确的职业理想和职业观、择业观、创业观以及成才观，形成职业生涯规划的能力，增强提高职业素养和职业能力的自觉性，做好适应社会、融入社会和就业、创业的准备才是更全面的目标。

第二，部分教师对职业生涯规划教育认识不深入。通过对职业生涯规划专兼职教师的调查发现，存在少数教师对职业生涯规划教育的内涵认识不到位的现象，比如有些教师觉得学校职业生涯规划教育只需要面向"没有学习目标、动力，懒散的学生"，或者"抓住职业生涯规划的关键期，针对某班级或年级"，还有部分教师不赞同"职业生涯规划教育应该是一种以实践为主的教育"，这明显是对学校职业生涯规划教育的认识存在偏差，对职业生涯规划教育的理解还不够深入。

（2）职业生涯规划教育工作机构设置不全

调查显示，部分学校没有设置职业生涯规划教育工作机构。部分学校虽然已经设置职业生涯规划教育工作机构，但是没有真正独立，几乎都归属于其他部门，这就使得职业生涯规划教育的开展受限于其他部门。

（3）职业生涯规划教育工作制度不完善

根据调查可知，目前还有部分学校没有制定职业生涯规划教育工作的具体措施；部分学校没有制定职业生涯规划教育的实施细则；部分学校没有制定职业生涯规划教育工作制度；部分学校没有专职和兼职职业生涯规划教师职责；部分学校没有定期开会对学校职业生涯规划教育工作进行安排及指导；多达60%以上的学校没有建立职业生涯规划教育的质量考核制度。可见不少学校职业生涯规划教育工作制度不完善。根据对学生的调查可知，部分教师不关心学生的职业生涯规划情况。这都说明学校对职业生涯规划教育的重视程度还不够。

（4）职业生涯规划教育经费欠缺、设施设备缺乏

调查显示，有一半以上的学校没有开展职业生涯规划教育的专项经费支持；部分学校没有设置职业生涯规划咨询室、团体辅导室，及职业测评室；多达50%的专职和兼职职业生涯规划教师认为"学校经费及设施设备缺乏"是职业生涯规划教育中最主要的困难。

（5）职业生涯规划教育方式和途径单一

在调查中了解到，在大学生毕业前，学校通常会先通过举办讲座或讲课的形式进行职业生涯规划教育的核心内容介绍，后利用学校已有的专业课程和师资开设相应的体验课程。职业生涯规划教育方式本就单一，难以满足学生的需求。而近几年，由于突发疫情，体验课程无法开展，也没有提出其他补救措施，直接耽误高校职业生涯规划教育的进度，一定程度上影响了学生的选岗与就业。除此之外，在访问调查中，当问及学校开展的哪些活动中对其职业规划有影响时，四名学生中，有两名同学表示没有，可见学校缺少切实提高学生职业生涯规划能力的教育活动，也有可能有此类主题的活动，但没有引起学生的注意。总的来说，学校的职业生涯规划指导方式单一，难以达到最好的教育效果，也难以应对突发情况，影响学生的职业生涯规划。

（6）教师职业生涯规划指导不到位

教师，尤其是任课教师，是校园内与学生接触最多的群体，对学生思想动态的了解较为及时，做学生思想工作也更为容易，在对学生职业生涯规划进行指导的过程中，本该承担引导者的角色。但调查中发现，教师对学生的职业生涯规划指导并不到位。

教师对学生职业生涯规划指导的欠缺，一方面体现在极少教师会主动关心学生毕业时的职业选择、与学生讨论未来的职业方向，认识不到自己肩负的重

任，甚至推卸责任；另一方面，尽管部分教师关心学生的职业生涯规划，但缺乏职业生涯规划的专业知识和方法，有时面对学生的疑虑也常常束手无策。

（7）学校缺少与企业的沟通

当前我国处于经济发展转型和产业结构升级的关键时期，无论是"《中国制造2025》"战略的实施，还是我国新时代职业教育的健康发展都离不开校企命运共同体的构建。高校毕业生的质量符合企业要求，才能实现人才的流通。

在访谈中了解到，有毕业生反馈学校的培养方式、课程设置与企业需求相脱离。其根本原因在于学校在制定人才培养方案、培养目标等方面未能积极吸纳企业参与，开展职业生涯规划教育未能有效利用企业资源。学生就业后，面对学校学习内容与企业工作内容之间的反差，会难以及时进入工作状态，从而发生辞职、跳槽等现象。因此，学校缺少与企业的沟通，会严重影响大学生的专业认知和职业认知，进而干扰学生开展职业生涯规划。

3. 家庭方面的原因

家庭是学生生活和成长的重要场所，学生做人做事的态度和良好的心理品质都植根于家庭环境和家庭教育，孩子的职业生涯规划同样也受家庭的影响。问卷调查显示，父母受教育程度会影响大学生的自我认知、专业认知和职业规划意识。研究发现家长在指导孩子进行职业生涯规划方面存在误区，具体体现在以下两个方面。

（1）"缺少参与"与"过于干预"并存

多数家长对于孩子的职业选择不会有太多干预，这给了孩子自由发展的空间，但同时也带来了极大的隐患。大学生正处于青春期，他们或多或少会受到社会上不良风气的影响，需要父母和学校给予适当的正确引导。

结合相关调查和访谈结果可以发现，家长对孩子的职业生涯规划指导，容易出现"缺少参与"与"过于干预"两个极端。"缺乏参与"的家长，或许是想给孩子自主选择的权利，希望给其留下充足的发展空间；或许是不想管或没时间管孩子，甚至认为把孩子送到学校，就应该学校全权负责。而"过于干预"的家长则认为孩子还小，想法不全面，进而依据自己的经验和意愿全权控制孩子的选择方向。父母"缺少参与"，很容易使学生在自由发挥的基础上发生偏离。父母"过于干涉"则容易忽视学生的兴趣爱好，掩盖学生自身的优势，抑制学生的良性发展。因此，无论"缺少参与"还是"过于干涉"，都不利于大学生的成长。

（2）职业价值观念陈旧、落后

在我国，望子成龙、望女成凤是家长的心愿，但家长陈旧、落后的职业观念，也会影响孩子的职业生涯规划。

在访谈过程中了解到，父母多希望孩子将来能找一份"高薪、轻松、体面"的工作，理想主义色彩过于严重。

一方面，家长忽视了大学生的自身条件，难以对其在目前严峻的就业市场上进行准确定位，从而期望值过高；另一方面，家长也有严重的盲目从众和攀比心理，有的父母甚至将理想工作界定于"和亲戚朋友家子女类似的工作"。

4. 社会方面的原因

同自然环境相比，社会环境对青少年的发展影响更大，如各种社会风气、文化氛围、社会舆论及国家政策等。

在社会大众的刻板印象中，大部分大学生的实际操作能力不足，这种偏见极大地降低了大学生的积极性。

评价一个人的工作能力，不能仅靠固有印象。在当代大学生中，有很多人不仅学历高、知识储备充足，而且技术高超，属于技能型人才，完全可以胜任相应的岗位。

二、大学生职业生涯规划的实施策略

（一）个人层面

1. 树立正确的职业价值观

在做出职业选择时，职业价值观起到决定性作用，同时在对工作的选择和态度中也可以看出一个人的职业价值观，所以，正确的价值观可以使个体走上正确的职业发展道路。

正确的职业价值观可以使我们在选择职业时保持头脑清晰，做出正确的选择，选择职业时不能只在乎当前的利益，忽略自身未来的发展。因此，在职业选择时，应该将实现社会价值和实现自身价值作为职业选择的首要条件，确保自己走上正确的发展道路。

2. 提高自我认知

第一，学生应提高对自身职业生涯规划的认知程度，提高对职业生涯规划指导的关注程度。学校可以提供良好的培训环境与经验丰富的教师，使学生清晰地认识到自己存在的不足以及他们未来的职业优势，帮助他们做好职业生涯规划。

第二，学生可以充分运用职业规划与测评系统。职业规划与测评系统可以为每名学生建立职业生涯档案，为学生提供一对一的职业生涯规划指导，为其精准匹配合适的就业岗位，并能够针对学生后续的职业发展提供有针对性的指导。

第三，学生应在校企融合的背景下，抓住实践的机会，通过社会交流和实习来检验自身学习成果，不断验证自己职业生涯规划的正确性和可行性。经验的反作用，可以使学生的自我认知水平提高。

3. 明晰自我定位

第一，学生应积极参加校内实践以明确自我定位。参加校内实习基地开展的课外活动，通过实践来了解自己的长处，明确自我定位，锻炼自己的专业能力。

第二，学生也可以通过模拟签订就业协议的方式，提前感受今后就业的实际情况。模拟签订就业协议还可以提高自己的责任意识，有助于自身今后职业生涯规划的实施。

4. 确定职业方向带动学习积极性

职业目标分为内职业目标和外职业目标，内职业目标倾向于个体自身的提高，如提高知识能力等，更多注重精神层面的提高，而外职业目标则是对物质的追求，如金钱收益、社会地位等。职业目标的作用显而易见，设定目标可以提高工作积极性，降低盲目性，节约精力。

大学生在确定发展方向时应该考虑多方面的问题，主要包括以下几方面。

第一，职业的发展方向应该符合社会和组织的发展方向，把社会的发展目标和自己的发展目标相融合，这样才能实现自身价值。

第二，个人的特质要和环境相符合。每个人的性格特点和兴趣爱好都不同，适合的工作岗位也就不同，所以，在选择工作岗位时应该考虑到自身的情况和岗位的情况。

第三，确定目标后要制定学习计划，计划要灵活多变。

5. 增强个人能力储备和社会资源储备

自助者天助之。这也说明，越努力越幸运，只有努力地提高自己，达到甚至超越岗位的要求时才能有更多的岗位供自己挑选。大学生在制定好自己的职业生涯规划后应该了解自己和岗位要求的差距，积极提升自己的职业生涯规划成熟度。主要从以下两点进行加强。

（二）学校层面

1. 转变大学生职业生涯规划教育观念

有关调查显示，学校在大学生就业方面并不太重视，当前高校的指导方式基本上都是转发就业信息和面试技巧，虽然现在大部分院校在毕业生即将毕业时会在学校开展招聘会，聘请专家举办讲座，但收效甚微，真正做到分阶段系统培养的学校并不多见。

生涯是指人一生中遇到的所有的事，生涯规划则是对将来要发生的事情进行计划，职业生涯规划教育是指导学生如何科学地选择职业的教育。目前学校开展的只是"就业教育"，以为毕业生谋出路为出发点，指导内容过于单一，同时忽略了对非毕业生的指导，没有体现出全体性。因此，学校应该改变对大学生职业生涯规划的指导模式，改为全程化指导，注重学生规划能力的培养，有计划、有目标地逐步提高大学生职业生涯规划意识。

2. 加强对大学生职业生涯规划教育的投入

开展职业生涯规划教育需要资金的投入和人力的投入，其中，资金投入主要用于场地、设备和培训等方面。人力的投入主要指聘用老师的费用。

3. 注重分阶段对大学生职业生涯规划进行指导

大学生职业生涯规划课程是不断变化的，不同时期有不同时期的重点，因此，针对不同的年级需要用不同的培养方式。一般来讲，大学生可划分为三个阶段，在刚入学时应该对职业生涯规划的概念进行讲解，最主要的是帮助新生树立一个正确的择业观。第二年和第三年基本上完成了课程任务，准备实习或为论文写作做准备，这时辅导部门可以通过个体评测和职业咨询等方式来使大学生认识自我，对自身有更加客观的评价，并且为大学生提供更多的目标岗位信息，使其对岗位更加了解，同时积极协助大学生解决遇到的问题，帮助大学生进行职业规划的完善，逐步引导其确立职业目标。第四年则是学生寻求工作的阶段，在此阶段培养学生的求职技巧，疏通其心理障碍，帮助大学生做好就业准备。

4. 成立工作室，推动职业生涯辅导系统化

专业、系统的职业生涯辅导可帮助学生进行职业定位和职业选择，引导学

生走出心理焦虑和消极被动的学习状态。教师在进行职业生涯辅导时须重点关注高年级和有心理问题的学生。

东部沿海经济较发达地区比较重视学生的职业生涯规划教育和指导，有专门的教育机构开发职业生涯规划课程，集结了众多优质的教育资源。相比之下，西部及西南部等经济欠发达地区对职业生涯规划的重视程度不足。面对这种情况，可以从以下几方面着手改进。

首先，教育工作者要转变观念，在思想上重视职业生涯规划教育，在行动上为学生提供支持条件。

其次，职业生涯辅导是职业生涯管理的要素之一。教育主管部门要对教师进行职业生涯辅导教育培训，并从中选择一部分教师组建成一支专业的辅导团队。契合学生心理需求的职业生涯辅导方式主要有三种："一对一""小团体""班会活动"。学生表示"一对一"这种方式讲得比较清楚；"小团体"就是几个同学一起，因为"胆子比较小""不知道怎么讲的时候旁边的小伙伴还可以说一说"。"班会活动"是集中处理班级事物、解答学生问题的重要形式，班主任会经常在班会中督促学生，解答学生提出的问题。但是班主任的工作非常繁杂，且专业背景不一，学生的职业生涯规划又是一个个性化、持续性的事件，班主任难以提供系统化、专业化的指导。鉴于此，这项工作应由学校职业生涯规划指导工作室的专业老师承担，采用团体职业生涯咨询的方式对学生进行职业生涯辅导。

最后，成立职业生涯规划辅导工作室，集中整合教育资源，对学生进行针对性的、专业的、系统的职业生涯咨询辅导。教师在进行团体职业生涯咨询时应注意以下几点。

第一，用压力法、激励法唤醒学生的职业生涯规划意识。比如职业生涯幻游，用"以终定始"方式激励学生解决职业选择的问题。幻想的内容可以是未来生活中的一日活动、某一时刻或场景。

第二，逐层递进，澄清学生的职业观。价值观是影响个体职业决策和判断的重要因素。

第三，对主客观的我进行统一。通过叙述真实的我、理想的我和别人眼中的我，找出三者之间的差异，从而了解自身知识和能力上的不足，建立个人目标及提升自我时间表，进行时间管理和目标管理。

第四，班主任是最了解学生情况也是学生最信任的人，必要时班主任可从旁鼓励或对学生进行个别辅导。

5.鼓励企业人员参与学生的职业生涯规划指导

针对目前一些大学生培养方案和社会需要错位的问题，作为高校应该更多地注重专业的定位与学生职业的发展，把职业生涯指导工作贯彻到教材选择、授课老师合理分配、实践教学等各个方面。

注重专业课程的教学实践才能培养出符合企业使用标准、具有社会竞争力和独特性的专业人才，才能满足社会生产、管理服务等方面的要求。学校还要进一步加强对教学技术的运用，注重将理论和实践相结合，将学生塑造成充分适应实际需要的高端技术性专门人才。高校还可以通过打造特色的专业，提升学生个人的社会价值，实现高校职业生涯规划指导的价值。

在对学生能力进行培养时提高企业的参与程度。目前，诸多具有前瞻性的高校都非常注重将具备工作经验的老师带进课堂，或加强学校与企业之间的合作。在实际工作中，一些高校通过引进企业技术专家的方式，来弥补学校教育与社会需求之间存在的差距。这样的方式将学校课程与能力的培养紧密结合，学生在毕业时能提升各方面的能力。

作为学校可以积极与企业联合，及时了解市场的需要，让各个专业岗位的前沿发展信息及时传递到学生手里，让企业人员参与学生的职业生涯规划指导。

6.提升教师水平

要提升高校职业生涯规划教育的质量，达到令人满意的效果，高水平的教师必不可少。高校的教师不仅要具备扎实的理论基础，不断了解行业的发展，还要掌握高水平的实践技能。开展必要的师资培训是提高教师职业素养和专业水平的重要方式。

7.打造多元化的师资队伍

职业生涯规划教育是一项复杂的教育活动，专业性、实践性和综合性等特征较为突出，职业生涯规划教育教师承担着为学生的职业生涯规划提供指导的重任，需要具备一定的实践性经验和专业性知识，教师团队的专业水平和组成结构直接影响着学生职业生涯规划能力的培养。现有的教师团队，不能完全了解每个院系专业特点和就业情况，无法帮助学生做出详尽的就业前景分析和生涯规划，导致学生对其所带来的实际效益，感受并不明显，因此大学生职业生涯规划能力的培养与提升，势必离不开一支多元化的专业师资队伍。

多元的职业生涯规划专业师资队伍，体现在教师队伍的结构要多元。高校应该积极引聘多个领域的专业人士，来构成职业生涯规划教育师资队伍：其一，要发挥辅导员和专业课老师的优势作用，使辅导员和专业课老师加入大学生的职业生涯规划教育活动中来。辅导员具有与学生亲近、熟络的特点，熟悉所管学生的个性特征和能力水平，可开展一对一的生涯指导工作，基于学生求职过程中的性别差异，有针对性地为前来咨询的大学生提供个性化辅导；专业课老师对专业背景和行业前景了解较充分，在学生的职业生涯规划教育中具有天然优势，专业课老师可结合专业教学开展职业生涯规划教育，在专业课中穿插分享与专业相关的职业信息，帮助学生制定职业生涯目标。其二，要进一步深化校企合作，促成企业参与大学生的职业生涯规划教育活动，企业中的技术骨干是走在生产一线的人，最了解行业的发展动向，应广泛吸引企业的优秀人才到学校中来，分享职业故事和企业文化，传授创新精神和工匠精神，在耳濡目染中使学生体会到职业的魅力，增强学生职业生涯规划的动力，调动他们的积极性。其三，要善于利用职业生涯规划名师工作室的专业优势，引进专业的职业生涯咨询师和职业生涯规划师，为学生提供职业规划讲座和咨询机会。

在人员配备充足的情况下，教师的专业水平也是影响大学生职业生涯规划能力的因素之一，因此多元的职业生涯规划专业师资队伍，教师的知识储备要专业。一方面，高校应该积极拓宽职业生涯规划教师进修培训的渠道，以校外培训与校内培训相结合的方式，使理论学习和实践操作相联系，保证每一位校内负责职业生涯规划教学工作的教师都具备足够的专业知识和能力水平，以保证教育工作的高质量推进。另一方面，职业生涯规划教师自身也应该勤于学习，抓住进修培训的机会，不断提高自身的专业水平，这需要老师们走出舒适圈，不断吸收国内外职业生涯规划优秀研究成果，学习职业生涯规划理念和知识，到企业中去挂职历练，行走在生产最前线，掌握实践经验，了解实时动态，只有这样，才能更加有效地引领学生规划职业人生、提升职业生涯规划能力。

8. 着力构建职业生涯规划指导体系

高校人才培养的特点是使学生掌握技能，这一性质决定了高校更需要遵守市场经济规则。正确的职业生涯规划指导，在校期间的理论学习与培训，丰富的实习经验、社交实践，促使大学生在理论和实践交替的过程中达到水平提高、技能娴熟。因此，高校始终坚持以社会为导向的高技能人才培养理念，适应市场原则和思想是影响其建立职业生涯规划体系，正确实施职业生涯规划教育的重要支柱和落脚点。针对这一方面提出如下建议。

第一，高校要加强学生职业生涯规划指导体系建设。在当前我国和国际社会发展所需的市场要求情况下，对大学生的职业生涯规划指导体系进行合理调整，使学生在学校能够具备与其相适应的职业选择和从事工作的能力。一是要适当调整专业结构，合理地设置市场所需要的专业，这样才能使学生与日后就业有关联。二是要对应届生进行针对本专业的就业指导，而非"择业指导"。从学生入学选择自己的专业起就要尽量让其在校期间接受有关职业人生规划的指导，使其牢固地树立"入学即就业"的观念，避免出现"择业即失业"。

第二，高校应完善学生职业规划的系统，提升服务水平。即对每一名学生进行职业测评，做到专业教师一对一地为学生解读职业测评报告，建立档案，并在日后对其进行有针对性的职业规划指导。同时高校还应探索建立智慧人才管理系统，与全国就业创业信息化服务平台连接，使每一位学生的就业推荐工作做到精准的人岗匹配。

9. 加强各校之间的交流、合作

（1）定期组织研讨会和交流会，增强合作交流

大部分高校职业生涯规划老师都能主动地开展职业生涯规划教育，但是个人力量有限，在学校内很难开展有质量的教研、科研活动。教育主管部门可以组织开展系列的教研、科研、交流等活动。

在活动中还可以聘请职业生涯规划教育方面的专家进行指导和经验分享，帮助各学校老师解决本校职业生涯规划教育中的实际问题，从而提高教师的水平，促进各学校职业生涯规划教育的良好发展。同时借助交流活动还可以对职业生涯规划教育起到宣传的作用。

（2）举办教案设计、说课、赛课等比赛

在职业生涯规划教育众多的教学途径中，课堂教学是最基础也是普及性最高的一种，面向学生，效率相对较高。因此课堂教学能力是教师必须掌握的基本功，是首先要提升的一项基本能力。教育主管部门可以组织举办教学成果比赛，涵盖教案设计、说课、微课制作等内容。这样的比赛，一方面能让学校重视该项工作，同时又锻炼了教师的基本功，还对职业生涯规划教育做了宣传。

（3）设立职业生涯规划教育示范校，带动职业生涯规划教育的整体发展

为了让大多数学校有一个学习的样板，教育主管部门可以重点建设一批职业生涯规划教育的示范校。根据职业生涯规划教育示范校的评估标准进行考核，考核通过的学校正式颁发示范校证书。然后组织其他学校的领导、教师前来考察学习，以点带面，发挥出示范校的引领作用。

10.创新职业生涯规划教育的途径和形式

（1）设置职业生涯规划教育课程

第一，指导学生设计出自己的职业生涯规划方案。职业生涯规划方案是学生根据课程所教的方法结合自己的实际情况为自己的职业生涯发展所做的实施方案，对自己的职业发展有引导作用。内容应当具体详细，包括个人情况分析、专业分析、社会人才需要分析、行业发展前景、个人能力培训等方方面面。在制定方案的同时领会方案的制定思路，掌握职业生涯规划方案的制定流程。

第二，培养学生的执行能力。学生在确立职业目标后，会制定自己的职业规划。职业生涯规划的制定不是结束，而是个人职业生涯规划的开始，根据规划采取行动，落实执行个人的规划是整个职业生涯规划的重点，也是最艰难的一步。如果不行动，一切就不会开始。因此职业生涯规划教师要在教学中提升、学生的执行能力。同时学生在实施规划措施过程中要根据实施效果以及自己的个人情况和外部环境的变化，适当地对自己的规划进行评估、修正。

（2）举办职业生涯规划教育讲座

高校可以根据不同专业、不同年级学生的实际情况，将学生的需求与职业生涯规划教育相结合，从研究机构以及大型企业邀请专家、学者、高管到学校开设讲座，与同学们面对面交流。这样的讲座和交流能给学生们启发和引导，可以开阔学生们的眼界，加深学生们对职业生涯规划的认识。每学期最好能够举办两次以上的专题讲座。

（3）落实职业生涯规划咨询辅导

在职业生涯规划教育中，咨询辅导是不可或缺的一部分。因为每个人的个性、喜好、特点都不一样，职业生涯规划存在个体差异，因此每个学生的规划都是独一无二的。当学生在对自己做职业生涯规划时，会产生一些疑惑，有些疑惑不适合在课堂上提问，这个时候咨询辅导就是最合适的办法。因此学校一定要开设职业生涯规划咨询室，同时提供电话或在线咨询。并且要加大职业生涯规划咨询辅导的宣传力度，让每一位学生都知道求助的渠道和方式。保证咨询室有固定的开放时间，保证每一位学生都能够在有需求时得到咨询辅导。

（4）创建职业生涯规划网络推广平台

学生社团汇聚的都是有相同兴趣和目标的一群人，他们通过开展各种活动来促进交流，激发主观能动性。学校可以成立职业生涯规划学生社团，促进学生开展相关的活动，增加关于职业生涯规划方面的交流。同时社团还可以协助老师完成学生的职业生涯规划指导。

学生社团可以创建"职业生涯规划"公众号，定期推送相关的知识和案例，让学生们可以在课余时间获取与职业生涯规划相关的知识。

（5）开展学生职业生涯规划设计比赛

高校可以每年参加全国职业生涯规划设计比赛，或者在学校内部举办类似的比赛。通过比赛，职业生涯规划得到了宣传，参加比赛的学生在比赛的过程中不断学习、请教，个人的职业生涯规划能力相应得到了提高。

（6）形成渗透式职业生涯规划教育

职业生涯规划教育不应该只是职业生涯规划老师的任务，全校师生都应该参与其中。全方位的渗透式职业生涯规划教育，是专兼职教师职业生涯规划教育最有力的补充。

第一，在辅导员工作中渗透职业生涯规划教育。辅导员是学生在学校最为信任的老师，学生在日常学习生活中有问题首先想到的就是问辅导员，所以辅导员需要加强职业生涯规划的意识，有职业生涯规划的思考方式。这样在学生与老师沟通交流的时候，教师就可以站在职业生涯规划的角度去做一些引导。在班会课堂上也可以多补充一些职业生涯规划方面的内容。

第二，在专业课教学中渗透职业生涯规划教育。专业课的学习是职业发展的基础，对专业、行业的了解是做好职业生涯规划的前提。专业课老师往往能够凭借自身过硬的专业知识赢得学生的欢迎，因此专业课老师在专业课教学中渗透职业生涯规划方面的知识会得到学生们的接纳和信任。这有助于学生提高学习兴趣，增强学习动力。

第三，在校园文化建设中渗透职业生涯规划教育。校园文化的建设对学生的职业生涯规划教育起着潜移默化的影响。学校可以在校园的宣传栏中展览出世界技能大赛获奖者的材料，以及学校的优秀毕业生材料。在楼道走廊可以展示学校各专业的技能点介绍以及相关公司的介绍；还有对各专业领域奠基人物、专家、大师的介绍；对各专业最新发展前景的介绍。通过这样的展示与介绍，使学生们耳濡目染，从而渐渐地产生职业规划意识。

（三）家庭层面

大学生大都是成年人，思想基本成熟，有自主判断能力，虽然其自我概念的形成会受家庭环境的影响，但经过大学时期，其人生观、价值观和世界观均已发生改变。但经过访谈后得知，大部分大学生在做职业决定的时候依然会听取父母对该职业的评价意见。

家庭环境以及大学生成长的环境都影响着大学生的职业选择，舒伯也曾经说过，家庭环境在一定程度上会影响个人的生活广度和生活长度。为了使大学生的职业选择更加合理，家长应多听取子女的想法，并结合现状帮助子女合理地进行职业选择。

1. 家校合作

父母是孩子的第一任老师，父母对孩子的影响是最大的。因此学校要通过家长委员会或者家长群将职业生涯规划教育的概念传达出去。同时还可以定期组织针对家长的关于职业生涯规划的培训、讲座，邀请相关专家为家长讲课，解答家长的问题。让家长认识到只要合理规划，选择正确，大学生一定可以有好的职业发展。家长要树立坚定的信念，对孩子要有信心，多从思想上、行动上鼓励学生。家长可以在寒暑假带着孩子到自己的工作岗位上去了解自己的日常工作，主动发现孩子的兴趣和职业意向，为孩子创造职业体验的机会。在家庭的引导下，学生能尽早地了解自己的职业倾向，能尽早地找到适合自己的职业目标。

2. 合理沟通

在中国，父母会在子女人生的关键时期，根据自己的经验给子女提供建议，或者帮子女做出选择，如在高中文理分科时、高考后志愿填报时。这种做法可能导致学生对家长过于依赖，在面对任何重大选择时，第一时间都会想得到父母的建议，缺乏应有的自主判断能力。

父母应该意识到孩子已经长大成人并且经历了高等教育，拓宽了眼界，已经形成了自己的三观，在子女选择职业时应该听取子女的想法，积极与子女进行沟通，而不是把自己的想法强加给子女，在与子女讨论时可以多对其职业规划进行指导，并提出合理的建议，培养子女独立思考的能力。

3. 提供社会资源

父母的社会资源对于子女来说是非常重要的，特别是拥有丰富人脉资源和充足资金的家庭，父母可以给子女提供经济上的支持，并帮助子女初步打开创业市场，而对于经济情况一般的家庭，父母可以让有经验的亲戚朋友为子女提供良好的建议，这些都可以为子女提供职业规划上的帮助。

4. 适度参与大学生职业生涯规划

家长应主动参与到大学生职业生涯规划过程中来，但不能过度参与，必须注意度的把握。

首先，家长要有主动参与的意识，关心孩子在校学习情况，提高对孩子的职业生涯规划的重视程度，积极学习职业生涯规划知识，提高对孩子职业生涯规划的认知。

其次，要在客观判断自家孩子的优、缺点及目前大学生就业环境的基础上进行综合分析，主动与孩子探讨职业生涯规划问题，为孩子提出合理的职业生涯建议。

5. 积极转变职业观念

家长职业认知的缺乏和观念的落后往往会使子女形成不合理的职业生涯规划。因此，家长要提高职业生涯规划认知，转变职业观念。

首先，在新生入学时，学校可统一组织职业生涯规划专题家长会，对家长进行职业生涯规划辅导，让家长明确将孩子送进大学的目的是为孩子继续学习深造打基础，并通过展示案例等方式纠正家长职业的错误认知。

其次，在开学之初，应让家长了解目前的就业政策及形势，一方面，可使家长、学生提前了解相应职业，另一方面，可以为大学生提供充足的考虑时间。

最后，学校可通过家长 qq 群、微信群及公众号等途径，定期推送先进的职业生涯规划理念。

除与学校合作外，家长也应主动同孩子一起观看《中国工匠》《中国大能手》等记录片，提升大学生对未来发展的信心，从而使学生积极、自觉地参与到职业生涯规划设计中去。

（四）社会层面

1. 增强社会职业生涯规划辅导组织的建设

政府在社会职业生涯规划辅导组织中起着管理作用。在欧美国家，职业生涯规划组织机构需要得到行业协会的认可，需要具有专业特色并达到行业运行标准。在我国，类似的机构也有很多，但大多数并不具备专业能力，不能起到很好的辅助作用，不少同学反映花了钱得不到好的服务。针对这种情况政府应该发挥引领作用，联合各大高校、社会组织，建立起全国性的职业生涯规划辅导组织，并对其进行统一管理。同时，各大院校要与社会组织应加强信息交流，完善职业生涯规划组织体系，建立针对不同培养方向大学生的职业规划指导方案，使组织更加科学完善。

2. 构建新型社会支持体系

职业教育就是学技术、求就业，针对目前的社会环境，最重要的是消除偏见，增加社会对大学生的包容性。

提高大学生的社会地位，离不开政府和各行各业的支持。政府应鼓励大学生继续深造，提高技能，考取职业资格证书，完善自己的人生规划，也应为已就业的大学生提供多个提升学历的渠道，使大学生获得更好的工作平台。可由政府相关部门牵头，定期召开企业与大学生的供需见面会、高校与企业的联席会议等，架设学校与企业的沟通桥梁。企业则应积极参与校企合作，为大学生提供实习、实训基地，尽可能缓解大学生的就业压力。对于需要高强技能要求的岗位，企业也可适度降低从业人员的学历要求，并按照薪资标准，给予合理的报酬，而非按学历高低发放薪资。

3. 强化政府政策引领

高校大量的扩招带来的问题则是毕业生数量的增加，大量高学历人才如何融入社会逐渐成为一个需要重点关注的问题。根据调查可知，大部分大学生毕业后希望留在经济发达的地区就业，这就造成了发达地区人才饱和，偏远地区无人问津的局面，面对这种情况，政府应该给予重视。

2020 年教育部下达了《关于应对新冠肺炎疫情做好 2020 届全国普通高校毕业生就业创业工作的通知》，通知中强调了增加毕业生就业渠道、引导毕业生的工作趋向、提升就业服务系统的水平、促进毕业生就业等几方面的政策。只有国家对就业方面足够重视，才能引起高校对大学生职业生涯规划的关注。

当前形势下，政府应该引导大学生进入基层工作，提高偏远地区工作福利待遇，并且鼓励大学生进行创业，给予大学生创业补助和贷款利息减免等政策支持。就当前情况来看，许多高校针对大学生职业生涯规划的一些政策还不完善，并且没有成立生涯规划指导和就业指导工作室。综上所述，政府应该加快出台相应政策，为高校大学生职业生涯规划工作的开展提供保障。

（1）适度调整教育政策

教育部门可按照实际情况对一些教育政策和规定进行适度调整，如加大一些政策的弹性、允许学生拥有自主选择权力等。一方面，政府部门应定期派发调查人员，深入一线，了解高校及大学生的实际情况，认真听取学校领导及教师的反馈意见，收集材料，并进行汇总评估，为教育政策的制定及调整提供依据；另一方面，学校领导及教师作为一线工作者，应积极配合，尽可能全面地反映学校发展及大学生发展中的存在的问题，并向相关部门反馈政策的实施效果。

（2）积极实施灵活的就业政策

通过对比研究可以发现，发达国家产业结构发生了重大变化，第三产业逐渐壮大，多种灵活的就业方式应运而生，并获得迅速发展。我国应积极实施灵活的就业政策，创造就业机会。

第一，针对大学生，更好地实施就业优先政策，拓宽其就业渠道。就当前的国际的国内社会形势来看，自 2020 年新冠肺炎疫情爆发和持续蔓延以来，全球经济出现衰退，由此导致大学生就业压力大幅增加，当前迫切需要地方政府、高校及用工企业共同联手，积极落实保障政策并进行就业结构调整。我国政府鼓励中小微型企业积极吸纳就业人员。政策应要求扩大对大学生招聘及基本服务计划、征兵录取的规模，扩大大学生就业见习范围等。这些政策措施将具有相当大的引导性，并将发挥出积极的作用。

第二，从学生的意愿和需求来看，建议加强制定鼓励高校毕业生参军入伍、到基层就业的各项保障性措施，充分发挥政府、高校、社区、用工企业间的联动机制。

第三，增加非全日制工作机会，为大学生创造更加有利的灵活就业环境，尤其是在第二产业制造业、第三产业服务业增加非全日制工作机会，推进信息经济发展，积极发展 IT 等高新技术服务业，积极发展社区服务业，为大学生提供更多的就业机会。可增加临时就业机会，具体形式有短期就业、季节就业、承包就业和独立就业等，实行灵活的工时制度和灵活的工资制度。

（3）加大大学生就业培训补贴力度

第一，建议政府增加对大学生就业培训补贴的财政拨款预算。对困难学生给予生活费补贴资金，按时将生活费补贴发放给学生本人。

第二，多方式、多渠道筹措就业培训经费。建议由企业或团体集资建立培训基金，对取得职业资格证书或专项职业能力证书的学生，一次性支付培训补贴资金，并保障补贴资金及时发放给学员本人。对再次取得职业资格专项能力证书的学员，再次支付培训补贴资金。

第三，进一步完善政策，扩大职业培训工种补贴的范围。大学生可多参加几项职业工种培训，提升职业能力。

第四，劳动和社会保障部门应切实将就业培训补贴及时发放给学生本人。

（4）加强大学生创业财政资金政策落地与执行

第一，对高校施以创业财政资金政策倾斜。当前政府正在不断完善有关于高校毕业生创业的金融政策，以相关的优惠政策作为引导，鼓励更多的高校毕业生创业。政府应对高校施以创业财政资金政策的倾斜，加大财政拨款和扶持力度。应实施更加积极的产业创新驱动就业扶持政策，完善产业创新驱动就业市场扶持补贴政策，加强对灵活流动就业、新形式就业两种形态的市场引导和政策支持，提高技术工人的就业待遇。

第二，确保高校财政资金落实到位。大力推行财政资金政策宣讲，确保高校有关政策性财政资金落实到位，比如，确保一次性创业补贴及时发放到位。

第三，规范创业专项资金管理。建议各地方和高校规范创业专项资金管理，制定创业专项资金的使用和管理办法。

第四，加强对财政资金的成效追踪。建议政府不断完善就业的外部环境，加强对创业财政资金执行、使用的成效追踪，确保财政资金发挥作用。

第五，拓宽困难家庭学生范围。建议政策拓宽重点帮扶困难家庭学生的范围，适当放宽困难家庭的符合条件并加大开通困难家庭学生帮扶就业的"绿色通道"的执行力度，以确保帮扶资金的合理使用。

（5）加强对大学生的职业生涯规划与就业指导服务

第一，政府应健全高校的就业服务系统，将城乡统一的就业服务系统整合起来，提供丰富的人才市场资讯，加强对毕业生就业指导与服务，充分发挥各级人力资源就业机构的职能，依托公共就业服务的优势，为毕业生提供好的就业指导。政府应提供企业劳力资源供求的相关信息，做好职业技能介绍、工作技巧指导、社会保险基金接续管理服务、劳动关系管理和法律维权等工作。政府应积极组织高等院校开展就业教育服务宣传活动，帮助毕业生实现就业。

第二，应运用大数据技术更好地开展职业生涯指导，提高就业服务水平。提高大学生就业数据信息系统的应用能力，将就业数据系统中的有用信息及时推送给每一位毕业生。随着大数据技术的发展，应充分运用大数据技术来促进就业。为方便就业信息的查询与管理，应指派专业人员进行就业信息的科学化管理，对毕业生的就业信息进行归纳整理，根据学校的数据、社会资料和历史数料，及时对数据进行归纳和分析。应对历年大学生就业情况进行全面分析，总结往年毕业生的职业需求，更好地开展职业生涯指导和就业服务。

第三，应运用先进教育技术手段大规模开展技能训练。高校应运用好先进的教育技术手段，比如"空中课堂"，大规模地开展职业技能训练来加强对学生的指导培训。

第四，应提高职业生涯规划人员的信息敏感度。高校的学生和职业生涯指导者应当具有较高的综合素质和专业知识能力。因此，应当对高校就业与职业生涯规划指导人员进行就业信息化培训，提高其信息化工作能力，加强专业信息化队伍的建设。

第五，应提升对优秀人才的服务能力。应在培养创新人才的同时，加强对"双创"人才的服务，提升服务效率。

第六，应加强公共就业建设，同时还应加强对大学生的就业指导，推进高校就业服务实现专业化。

4.搭建健康网络求职平台

通过调查可以发现，大部分大学生获取职业信息的渠道是网络，发达的网络建设可以使更多的人寻找到自己需要的信息。目前来看，不仅仅是毕业生会在网络中找寻工作，很多在读学生也会通过网络寻求兼职工作，但当前网络缺乏强有力的管理，大学生找工作被骗事件时有发生，针对这种情况，政府应该出台相应的政策，设立专门性的监管平台，清理不良网站，为学生群体搭建一个良好的网络求职平台。

第五章　大学生职业生涯规划的评估与修正

本章分为大学生职业生涯规划的评估、大学生职业生涯规划的修正、大学生职业生涯规划的管理三部分。主要包括大学生职业生涯规划评估的原则、大学生职业生涯规划评估的对象、大学生职业生涯规划评估的内容、大学生职业生涯规划的反馈、大学生职业生涯规划的修正等内容。

第一节　大学生职业生涯规划的评估

一、大学生职业生涯规划评估的原则

（一）抓住最重要的内容

在评估过程中不必面面俱到，而是应该抓住关键目标和最主要的策略方案进行追踪。在职业生涯的某一阶段，总有一个最重要的目标，其他目标都指向这个核心目标，可以通过优先排序，重点评估那些可能达到这个核心目标的主要策略的执行效果。

（二）挖掘最新的需求

在漫长的职业生涯过程中会发生很多变化，针对变化的内外环境，要善于发现最新的趋势。要与时俱进，善于发现新的变化、挖掘新的需求。对于新的变化和需求，要全面思考怎样的策略才是最有效、最有新意的。

（三）找到突破方向

职场竞争就像下棋，有时候在某一点取得突破性的进展会使整个局面发生意想不到的改变。想一想，先前规划的策略方案中的哪一条对于目标的达成会有突破性的影响、目标达成了没有，为什么没有达成，如何寻求新的突破等。这样的总结和分析对于在未来的发展中找到突破口十分有利，可以帮助我们少走弯路，从而取得事半功倍的效果。

（四）关注自己的弱点

管理学中有个著名的木桶理论，即一只沿口不齐的木桶，其容量的大小，不取决于最长的那块木板，而取决于最短的那块木板。在反馈评估过程中，需要肯定自己的长处与取得的成绩，但更重要的是结合变化的环境，发现自己的"短板"，也就是阻碍自己发展的劣势，然后想办法补齐"短板"。唯有如此，职业生涯这只桶才能有更大的容量。

二、大学生职业生涯规划评估的对象

（一）社会环境分析与评估

对社会环境的分析主要包括对以下几个因素的分析与评估。

1. 社会各行业对人才的需求情况

随着社会的发展，社会对各种人才的需求也在不断发生变化。比如，随着信息技术的发展和普及应用，对计算机、网络等方面的应用人才的需求不断增加；同时，对各种管理人才的需求也越来越迫切。对各行业人才需求情况进行分析可以使个体认识到自己目前所具备的知识和技能是否为社会所需要，需求程度如何，自己应在哪些方面学习和提高才能适应社会的需要。

2. 社会中各种人才的供给情况

对人才资源供给情况的分析实际上是对人才竞争情况进行分析，通过分析可以使个体了解与自己竞争相似职业的人的状况，自己与他人相比存在的优势和不足，如何才能在竞争中脱颖而出。

3. 社会政策

对社会有关政策进行分析，可以使个体发现新的就业机会，同时可以在进行职业生涯规划时利用这些机会。比如，《中华人民共和国个人独资企业法》的出台使得想独立创业的个体找到新的职业发展路线。

4. 社会价值观的变化

不同时代有不同的社会价值观，人们在从事各种职业时也需要得到社会的认同。了解社会的价值观，有利于在进行职业生涯规划时做出符合社会价值观的职业选择。

（二）组织环境分析与评估

许多个体是在一定的组织中进行职业发展设计的，所以对组织环境进行分析是个人职业生涯规划的重要内容之一。针对组织环境，需要考虑的因素主要有以下三个方面。

①组织的特色。组织的特色包括组织文化、组织规模、组织结构和组织中人员状况等。

②组织发展战略。组织发展战略主要包括组织未来发展的目标是什么，有什么阶段性的发展目标，目前组织所处的发展阶段是怎样的等。

③组织中的人力资源状况。人力资源状况包括组织中人员的年龄、专业、学历结构是怎样的，组织的人力资源发展政策是怎样的，组织会采取哪些有利于员工发展的行动等。

通过对组织环境进行分析，个体可以确认该组织环境是否适合自己，自己在组织中的发展空间和发展机会如何，从而决定是在该组织中寻求发展，还是脱离该组织到其他组织中寻求发展，哪种类型的组织是适合自己未来发展的。

三、大学生职业生涯规划评估的内容

（一）职业生涯目标评估

假如一直无法找到理想的学习机会和工作，那么应根据现实情况重新选择职业生涯目标；如果一直无法达到职业生涯目标，在学习工作中得不到应有的发展，会导致出现长期压抑、不愉快的情况，此时应考虑调整职业生涯规划；如果职业给家庭带来很大的不利影响，应考虑调整职业生涯规划。

（二）职业生涯路径评估

当出现更适合自身发展和职业生涯发展的机会，且原定发展方向缺少发展前景的时候，应尝试调整发展方向。

（三）实施策略评估

如果在其他地方可以找到一份令自己和家人都十分满意的工作，就应将前往该地；如果家人无法在自己工作的地方定居、工作，在征询家人意见后，应考虑改变已定计划，前往他地；如果在已定区域得不到发展，应考虑改变行动策略。

（四）其它因素评估

如果需要更多地照顾家庭，应把更多的精力放在家庭上，甚至暂时放下工作；如果身体条件不允许，应放低自己对职业的要求；如果有其他意外情况发生，应不得不调整职业生涯规划。

第二节　大学生职业生涯规划的修正

一、大学生职业生涯规划反馈与修正的必要性

在制定职业生涯规划时，由于大学生对自身及外界环境都不十分了解，最初确定的职业生涯目标往往都是比较模糊和抽象的，有时甚至是错误的。在经过一段时间的工作后，大学生会有意识地回顾自己的言行得失，检验自己的职业定位和职业方向是否合适，从而为自己找到合适的发展方向。

目前，我们常常听到"先就业，再择业"的说法。许多学生在工作一段时间后才发现自己并不喜欢也不能胜任这项工作。这是因为，抱着"先就业，再择业"想法的人，盲目地找了一份工作，缺乏理性的选择和思考，更谈不上长远的规划，这样做的后果往往是人职不匹配，直接后果就是我们经常看到的频繁换工作，三五年后仍然业绩平平，结果耽误了职业发展的宝贵时间。因此，对这部分人来说，职业生涯规划的反馈与修正就变得尤其重要。

在职业生涯规划实施的时候，由于每个人的自身条件和所处的外部环境不同，对未来目标的设定也有区别，对自己的一些潜在能力也可能不够了解，因此需要在实施过程中不断根据反馈对规划进行修正，使之更符合当时的客观环境。并要充分了解相关的环境情况，评估环境因素对自己职业生涯发展的影响，分析环境条件的特点、发展变化情况，结合本专业、本行业的当前情况以及发展趋势，对生涯目标与策略等进行调整。

通过职业生涯规划的反馈与修正过程，大学生可以自觉地总结经验和教训，评估职业生涯规划，修正自我认知，确保职业生涯规划行之有效。同时，通过评估与修正还可以极大地增强学生自信心，从而促进职业生涯目标的实现。

总之，反馈与修正是职业生涯规划的重要环节，也是保障职业生涯规划实施的关键环节，只有通过反馈与修正，才能确保目标的合理性和措施的有效性，才能最终促使职业生涯目标的实现。

二、大学生职业生涯规划修正的目的与内容

人生目标往往是基于特定社会环境和条件制定和实现的，环境和条件总是

在不断变化，即使确定了目标也应该及时对其进行调整。对大学生来说，就业环境的不断变化，使他们必须不断修正和更新自己的职业生涯规划。

在对职业生涯规划实施结果进行阶段性评估之后，就要根据评估的结果对目标和实施方案进行修正。职业生涯规划修正的内容包括职业目标的重新选择、职业生涯路线的重新设定、阶段目标的修正、实施措施与行动计划的变更等。

（一）修正的目的

通过评估和修正，应该达到下列目的。

①决定放弃或者坚持自己的目标，并对目标进行必要的调整。

②明确影响实施效果的关键因素，对实施方案的合理性加以认识。

③对需要改进之处制定调整计划，以确保修订后的实施方案能帮自己实现职业生涯目标。

（二）修正的内容

以下问题的答案将作为修正新的职业生涯规划的参考依据，对职业生涯规划进行修正的内容包括以下几点。

①职业生涯目标的重新选择。

②职业生涯发展路线的重新确定。

③阶段性职业生涯目标的调整。

④职业生涯发展目标的调整。

⑤职业生涯目标实施方案的变更。

在此过程中，应注意回答以下问题。

①你的人生价值是什么？

②你有哪些知识、技能和优势？

③你最感兴趣的事情是什么？

④你的人格特质是什么？

⑤你是否好高骛远？

⑥你建立了自己的就业信息网络吗？

总之，在对职业生涯规划进行实施后，必须对阶段性的结果进行评估，根据评估的结果找出规划与结果之间的差距，分析差距产生的原因，并有针对性地对规划进行调整，按新调整的方案有效地采取行动。

第三节　大学生职业生涯规划的管理

一、大学生职业生涯规划管理概述

（一）职业生涯规划管理相关概念

世界上许多著名学者对职业生涯管理都有着自己的定义，而目前全世界普遍比较认同的是美国组织行为学专家道格拉斯·霍尔的定义，他指出职业生涯是指一个人在其一生的工作经历中所有的活动和行为，是职业、职位的变动和工作理想实现的整个过程。

职业生涯从其所针对的范围来讲有狭义、广义以及内外之分。狭义的范围仅包含人们开始从事职业到职业结束的阶段，广义的范围则包含人们从最开始具备职业能力、培养职业兴趣、进行职业选择到最后终止职业劳动的一个完整的职业生命周期。内职业生涯管理针对的是人们进行某种职业劳动时所具备的知识、观念、经验、能力和心理素质以及内心感受等因素。外职业生涯则主要考虑人们从事某种职业时的外部环境，包含工作时间、地点、单位、内容、职务与职称以及工资待遇等因素。

从企业角度来讲，职业生涯管理作为企业帮助员工制定其职业生涯规划的活动，是非常重要的内容；从个人角度来讲，如果要规划好自身的职业发展，除了要明确如何进行职业选择，还必须清楚地了解自身所具备的实力，包括已掌握的知识、技能等。而企业则必须清楚地把企业的愿景、使命、战略目标、政策制度告知员工，同时企业还必须帮助员工做好自我评价，企业管理者在日常管理中也需要鼓励员工做好自我发展规划，并为员工提供相关岗位、职业发展机会的信息。当企业、管理者、员工形成动态联动时，员工个人目标与企业目标将实现有机结合，这对企业及员工的发展都有着十分重大的意义。

学术界还将职业生涯管理分为个人职业生涯管理及组织生涯管理，组织生涯管理与前面讲的企业当中的职业生涯管理类似，而个人职业生涯管理涉及的范围则更加广泛，除了对所在的组织环境进行分析外，还需要对社会环境、家庭环境等因素进行分析，以此来选择适合自身实现个人目标和价值的职业，并制定职业发展规划。所以个人职业生涯管理通常涵盖了个人整个职业发展过程，和组织生涯管理相比，存在主体、客体、侧重点、参与者、目的、规划实施等方面的不同。

在职业生涯管理中，职业生涯规划则是决定你能否达到预期目标的一个重要过程，它是在目标和定位已经明确的基础上，个人通过对自身内部因素以及外部环境因素进行综合分析，制定相应的行动计划来实现目标的过程。

（二）职业生涯规划管理的理论认知

1. 职业生涯是一个动态的过程

职业生涯并不是指就职后的阶段，还包括就职前对该职业做出准备工作的阶段，职业生涯是一个完整的过程，而这个过程会伴随着个人情况和组织决策发生变化，使个人在就职过程中得到成长。而个人在职业生涯过程中获得的能力、成长及成就等都不是一蹴而就的，同时个人在职业生涯中的经历会对后期的职业发展产生很大的影响，因此职业生涯的发展路径与个人的职业状态息息相关。

2. 职业生涯发展有时是不可控的

个人的性格、职业素养、职业经历和家庭情况等都会对大学生职业生涯的发展产生影响，但个人的职业水平与职业需求相匹配时，个人就能在就职过程中获得较高的满意度，并能够在日常工作中较为轻易地获得成就。而个人的性格与其受教育程度和家庭情况紧密联系，这些因素对个人的性格塑造和三观培养有着重大的影响，个人的价值观也会随着不同类型的信息的接触而产生变化。社会的发展和人文条件的改变也会让个人的职业发展规划产生不可控的变化。

3. 职业生涯是可以改善的

个人所获得的一切东西都不是自动形成的，而是通过长期的教育和熏陶培养而成的，因此个人的职业生涯是可以通过指导来进行改善的。儿童和青少年时期正是个人三观建立的关键期，一个人的性格与其三观有着密不可分的联系。早期的指导可以将个人的职业生涯意识提前唤醒，进而对其职业生涯进行规划和指导，使其朝着实现自我价值的方向而奋斗。

（三）职业生涯规划管理的理论基础

1. 职业选择理论

（1）职业选择理论的主要观点

特质—因素理论：美国职业指导之父帕森斯从人的个别差异和职业差异的

前提出发，根据人—职匹配理论提出了个人观点，认为每个人都具有各自的人格特质和能力模式，因而适应不同的职业类别，将个人主观条件与客观环境相结合、匹配，最后选择一种职业需求与个人特长相匹配的职业。

人格类型理论：美国著名的职业指导专家霍兰德最早提出了"职业选择理论"，他认为能够决定一个人选择职业的重要因素有"价值观""动机""需求"等多个因素，其中，可以说是最重要的一个因素就是"职业兴趣"，职业兴趣通常由个人的人格类型来决定。

社会学习理论：西方研究人员克鲁姆波特对于个体做出职业生涯选择的过程进行了探讨，认为有这样四种因素——"遗传因素""环境条件""学历经历""完成任务的技能"，都在选择的过程中起到了较大的作用，其中，"学历经历"以及"完成任务的技能"对于职业生涯选择的影响较大。

（2）职业选择理论的研究价值

职业选择理论的实际应用使得大学生在进行职业选择的时候可以做出更加广泛的选择。在参加工作以后的漫长职业生涯中，大学生在面对多项选择的机会时，也将会做出不尽相同的选择。

2. 职业生涯发展理论

一般来说，职业生涯发展都会有多个阶段，但不同学者对于阶段的分类会略有不同，也就会催生出不同的职业生涯发展阶段理论，这些理论对学生和组织都是有帮助的，学生和组织可以根据自身的特点选择合适的理论来辅助制定相应的职业规划，当然对学生来说，需要着重关注理论当中每个阶段的特点，而组织则应更加关注这些阶段中组织与员工个人目标的统一。

美国著名学者施恩教授将个人的职业生涯按可交叉的不同年龄段分为 9 个阶段，如下表 5-1 所示。

表 5-1　施恩的职业生涯发展 9 阶段理论

序号	阶段名称	阶段年龄
1	成长、幻想、探索阶段	0～21 岁
2	进入工作世界	16～25 岁
3	基础培训	16～25 岁
4	早期职业的正式成员资格	17～30 岁
5	职业中期	25 岁以上
6	职业中期危机阶段	35～45 岁

续表

序号	阶段名称	阶段年龄
7	职业后期	从 40 岁以后直到退休
8	衰退和离职阶段	40 岁之后到退休期间
9	离开组织或职业——退休	失去工作或组织角色之后

从上表可以看出，施恩进行职业生涯阶段划分主要依据的是该阶段职业的状态、重要性及工作经历，因此年龄会有很大的交叉。

随后美国心理学博士格林豪斯则在施恩的 9 阶段理论基础上按不同的年龄阶段重新进行了整理划分，他主要依据职业任务的不同将职业生涯发展阶段分为以下 5 个阶段，如表 5-2 所示。

表 5-2　格林豪斯职业生涯发展 5 阶段理论

阶段名称	阶段任务	阶段年龄
职业准备	发展职业想象力，对职业进行评估和选择，接受必需的职业教育	出生到 18 岁
进入组织	在一个理想的组织中获得一份工作，在获取足够信息的基础上，尽量选择一种合适的、较为满意的职业	19 到 25 岁
职业生涯初期	学习职业技术，提高工作能力；了解和学习组织纪律和规范，逐步适应职业生活，适应和融入组织；为未来职业成功做好准备	26 到 40 岁
职业生涯中期	对早期职业生涯重新进行评估，强化或转变自己的职业理想；选定职业，努力工作，有所成就	41 到 55 岁
职业生涯后期	继续保持已有的职业成就，维持自尊，准备引退	56 岁到退休

3. 职业锚理论

（1）职业锚的内涵

职业锚这一理论是由美国麻省理工学院的施恩教授提出来的，是指个人在工作中根据"需要、动机和价值观"最终确定职业定位。起初他提出了 5 种类型的职业锚，即技术型、管理型、创造型、安全型、独立型，后来又增加了 3 种，一种是服务奉献型职业锚，另一种是挑战型职业锚，还有一种是生活型职业锚。

（2）职业锚理论的研究价值

对于个人来说，职业锚是个人整个职业发展过程中的一座"灯塔"，而且这座"灯塔"一直在为个人的职业发展指明方向。该理论包括职位设置、培训方法、动手练习和工作轮换交流等环节，这些环节由于每个人的不同特征也有所区别。

4. 霍兰德职业兴趣理论

霍兰德职业兴趣理论是由美国著名的心理学教授、职业指导专家霍兰德提出的，他认为人的性格类型以及个人兴趣与职业有着很强的关联性，而个人兴趣是干好工作的一个强大动力，并且能够提升工作积极性以及愉悦感。职业兴趣理论能帮助人们进行职业生涯规划，能拉近个人与工作的关系，让每个人迅速找到一种方式去主动积极探索职业选择。

霍兰德认为，个人特质以及兴趣与职业特质是相关联的。一个人对自己的看法和职业偏好具有一致性，个人特质和工作要求是互相匹配的。根据人们兴趣的不同，职业类型可分为6个维度，如表5-3所示。

表5-3 霍兰德职业类型

职业类型	研究型	艺术型	社会型	企业家型	传统型	现实型
代码	I	A	S	E	C	R

但是，很多人都不是只有一种性向，而是可能包含几种，通过测评可以得出，比如有的人会有2种或者3种，每个人的职业类型都是这6个代码的不同的组合。这些性向越相近，则一个人在选择职业的时候，内心的矛盾和纠结就会越少。

员工对工作的满意程度以及是否有离开本职位的倾向，都跟每个员工的人格特点与企业提供的职业环境息息相关。当这个员工的个性特点与所在的职位匹配的时候，员工会有很高的满意度，并且离开该职位的可能性也更低。这个模型的重点：一是每个人都有不同的人格，都是有差别的；二是每个人都有自己的类型，并不都是一样的；三是当一个人工作的环境与自己的人格类型比较匹配的时候，工作会更加舒适，离开这个职位的可能性也就更低。

5. 人—职匹配理论

社会中的每个人都有着不同的性格、观念，这些不同的性格与观念都有相对比较契合的职业类型，换言之，一个人选择的职业符合自身的性格与观念，其个人职业生涯发展相对来说会变得更加顺畅，因此帕森斯教授早在19世纪初就提出了个人与职业能够相互契合才是人们进行职业选择的重中之重，在这当中主要有 3 大因素在左右着人们进行职业选择：一是清楚地认识自身所具备的能力、爱好，所拥有的关系、平台，还应清楚自身的缺陷；二是对各类职业要有清晰的认知，明白各类职业的发展方向与前景，明确在该职业中取得成功需要具备什么样的条件，取得成功后能带来怎样的收获；三是需将前面两项所提到的个人情况与职业选择相互匹配起来。因此，一个人如想选到适合自身发展的职业，就需要清楚地认识自身的情况，并与想从事的职业所需的条件结合起来进行分析和匹配，从而找到最适合自身的职业及发展路径，而组织也应在对员工进行的职业生涯指导过程中将人—职匹配作为最终目标，使个人与组织得到良好的协同发展。

二、大学生职业生涯规划管理的内容

（一）大学生职业生涯规划目标管理

1. 目标管理概述

（1）目标管理的概念

早在 20 世纪中叶，美国著名的管理学家彼得·德鲁克便提出了目标管理的概念，他认为：在组织体系中，各层级的人员共同探讨组织体系的整体目标，随后，将整体目标细分到各个层级，在此过程中，组织体系开展管理工作始终是围绕目标进行的，且要对各层级完成目标的实际情况予以跟进和评价，并以此为依据对员工实施激励或惩处措施，使组织体系各层级的人员进行自我约束、自我控制、自我管理。在彼得·德鲁克看来，开展任何工作必须是基于目标来进行的，要将目标当作工作的指挥棒，因此，需要制定组织的整体目标，并将其细分为不同的个人目标。

随着学者对目标管理研究的逐步深入，越来越多的学者对其概念给予了不同的界定。有学者认为，目标管理就是在确定目标的情况下，为达到既定目标而实施相应的措施，这需要组织体系针对目标实施系统化的管理活动。还有学者认为，目标管理就是以组织体系的总体目标为核心，并利用系统方法构建分层的目标体系，采用分权的方式调动被管理者的能动性，使其有效地完成个人目标并最终推动组织目标的达成。还有学者认为，可以将目标管理视为现代化的企业管理制度或管理方法，需要组织体系的管理人员以及基层员工共同参与制定组织目标，同时，在完成各自的个人目标时进行自我控制。

（2）目标管理的相关理论

①整合管理理论。现代管理学之父提出了整合管理理论，该理论认为，企

业的发展需要从整体角度设定目标，然后将整体目标细分为不同模块，如在市场环境中的地位、技术创新水平、生产能力、获利能力、组织决策者的决策能力和领导能力、各层级员工的工作能力和工作态度、社会责任等。整合管理理论认为，企业整体目标以及各类细化目标的达成，离不开企业高层的合理化、科学化管理。在具体实践中，企业的运营管理效率需要根据整体目标达成的情况来衡量。企业各部门及岗位的工作要根据整体目标来制定，而其工作成果就是对企业整体目标的实现所做的贡献。企业管理人员需要从客观角度对各部门及岗位人员达成目标的情况进行评价。基于整合管理理论，高校目标管理要结合高校自身的办学定位、办学特色以及发展需求，从整体性角度出发，将整体目标进行细分，具体可分为人才培养、科研等目标。在确定整体目标以及分解目标后，高校的职能部门、直属机关等还需要对各部门及个人目标的完成进度和执行情况进行持续化和动态化的跟进。同时，还需要增强不同部门之间的信息沟通与反馈，并对高校现有的各项资源予以优化配置，促使高校目标管理能从整体层面对各部门及个人的工作成果予以衡量，最终实现高校的整体目标。

②人性理论。自古以来，有关人性的理论成果尤为丰富。在西方国家，人性假说主要包含以下几种：一是 X 理论，二是社会假说，三是 Y 理论，四是超 Y 理论。目标管理侧重于强调人的自主性。因此，高校目标管理的人性理论主要为 Y 理论。该理论是由美国著名的行为科学家道格拉斯·麦格雷戈在 20 世纪 50 年代后期提出的。Y 理论认为，人们在工作中必然要消耗体力和精力，对于大多数人而言，其对于工作的态度是积极的、乐观的，且在工作中能寻找到自身的价值并体验到快乐。但是，人在达成工作目标时，可能存在一些干扰其工作目标达成的不利影响因素，因此，为了更好地达成目标，人们在责任感与使命感的驱使下，主动担当，并通过加强自我管理与自我控制促使工作目标得以实现。组织目标是组织体系的整体目标，需要组织内的各成员共同努力，仅仅依靠个人的力量是无法达成目标的。人们在达成工作目标的过程中，有外部驱动力和内部驱动力促使其目标得以有序达成。其中，外部驱动力包含趋利和避害两部分，而内部驱动力则涉及情感共鸣和自我认同。因此，人们除了追求与实际付出相匹配的报酬外，对更高层次的需求也较为重视，且人的创造能力是无限的。正是基于以上假设，组织体系的管理人员在进行目标管理时，应有意识地为组织成员构建勇于担当的工作氛围，并利用适当的激励手段激发人的潜能。综合来看，Y 理论强调的就是以人文本，重视对人的管理。

高校在实施目标管理的过程中，应综合考量"人"的属性，因此，有必要将人性理论作为实施目标管理的前提条件。在高校中，其教职工大多具备较高的学历水平，其世界观、价值观以及人生观处于良好状态。对高校目标管理予以优化，更应着重关注广大教职工更高层次的需求。为此，高校在制定组织目标、将组织目标进行细分时，以及在目标实施的不同环节中均需要将教职工的个体思想考虑其中，做到目标管理是在尊重高校教职工人性的前提下开展的，促使教职工的内在潜能得以激发，并在实际工作中积极发挥创造力。

③管理新模式理论。管理新模式理论是美国教育家和组织心理学家伦西斯·利克特于20世纪40年代末提出来的，该理论强调的是高质量水平的决策和组织成员之间的深入沟通、积极的工作参与、良好的目标的协同作用，如此才能产生较高的工作效能。企业运营管理需要满足以下条件：组织体系的总目标兼顾组织体系中各成员的利益和需求；在目标设定阶段，要注重对股东及大部分员工之间的利益进行协调。在统筹设定总目标后，要对其予以合理分解，明确各部门及个人的目标。同时，管理层还需要引导各部门及个人高度重视细化目标的实现，促使相关工作人员在实施目标的过程中充分提升自身的主观能动性。为了确保各级目标的有效实现，需要采用多元化的方法及手段激发组织成员的潜能。合理的薪酬制度和激励制度，组织体系实施的薪酬、奖金、股息、红利等制度，需要与组织成员达成目标的情况予以匹配，要通过实施合理的薪酬分配和奖励措施等方式，进而激励各部门及各岗位人员努力达成目标。在上述条件下，企业的运营管理能够实现目标化管理，整体过程更侧重于关注自我控制。

高校目标管理结合伦西斯·利克特的管理新模式，通过设定目标、分解目标、实施目标、创新目标实现方法、给予激励手段等系列化的管理流程，促使管理效率和质量有效提升。学校直属机关、各职能部门、教学单位以及教师在目标化的管理体系下，充分发挥自身的主观能动性，在达成目标的同时实现自我控制。

④成果管理理论。成果管理理论认为，组织体系在实行目标管理的过程中，组织成员共同分担组织成果。因为组织目标并非任何个人仅靠一己之力即可达成的，需要各组织成员对组织体系的长期目标予以充分认识，进而为组织赢得更大的效益空间。还有必要在组织体系中构建良好的工作氛围，提升组织成员的责任感和目标感，并认识到组织目标需要在众人共同合作的情况下才能最终达成。与此同时，良好的人际关系氛围对激发组织成员在达成个人目标及组织目标时的创造力和潜能有着积极助益。不同层级的组织成员均朝着自身的目标而努力工作，显然，更有助于组织目标的达成，目标管理的积极效用也得到进一步发挥。

高校在开展目标管理工作时，有必要引入成果管理理论，让教职工认识到成果分担的重要性和必要性，通过加强建设教职工队伍，提升教职工的能力，促使其得到进一步发展。同时，在学校内部建立协同合作、共同进步、相互学习和良性竞争的工作氛围能促使教职工积极发挥自身的创造力和内在潜能，推动个人目标、部门目标乃至组织目标的实现。

2. 职业生涯规划目标管理

（1）目标定位和分类

①目标定位。大学生目标定位是指大学生根据社会期望和自身发展的需要，确立奋斗目标和发展方向的过程。横向上涵盖了大学生的知识、能力、素质等方面的发展目标定位；纵向上大学生在各个年级、各个时期都应有自己的近期目标、远期目标。可以说，目标定位是大学生成长的出发点和归宿，它贯穿大学生成长的整个过程。

大学生在确立自己的目标时，应充分考虑社会对大学生能力和素质的普遍要求，同时也要考虑专业发展方面的要求，在培养自己的沟通和表达能力、协调和管理能力、知识的运用和动手能力、预测与决策能力、创业创新能力等基本能力的基础上，以专业为突破口，学好专业基础知识，在实践中验证所学知识，在应用中促进专业知识的巩固。

②目标分类。按时间长短分为短期目标、中期目标、远期目标等。按目标内容分为理论学习目标、实践训练目标、活动参与目标等。按目标支撑逻辑分为专业学习目标、职业目标、人生目标等。

大学生应统筹考虑，分模块设计目标，将近期目标、远期目标结合，确定人生目标。确立目标后，放眼大目标和远期目标，着手小目标和短期目标。就大学生而言，应按照学校的培养方案和培养目标，清楚大学阶段需要完成的学业以及大学生需要具备的各项能力和素质，然后借助学校资源设计自己的目标体系。

（2）确立科学、合理的目标

科学、合理的目标定位不仅可以为大学生的自我发展提供导向，而且也有利于调动大学生的积极性、主动性和创造性。科学、合理的目标应该具有以下特征。

①完整。人生目标需要涵盖生活的各个层面。一个拥有大量财富的人要有强健的体格才能享用这些，只有健全的人才能真正享受美好、快乐的人生。

人生是一个连续发展的过程，也是一个由个体与环境交互作用而产生生理、心理改变的过程。其发展方向大致有五个：生理发展及身体发展、认知发展、社会发展、情绪发展与人格发展。生理发展偏重于遗传、神经、荷尔蒙与行为的关系，身体发展偏重于身体的改变；认知发展偏重于心智的活动——思考、知觉、记忆、注意力、语言等；社会发展着重于个人与他人、环境的互动；情绪发展着重于个人的情感表达；人格发展则着重于个人的特质。五种发展相互影响、相互作用，唯有生理、身体、认知、社会、情绪、人格均衡发展的人才是健全的人。所以，人生目标需要涵盖生理与身体、认知、社会、情绪、人格五项。

②清楚。目标应当尽量清楚、具体化，不能太笼统。例如，一个英语成绩不好的大学生想要改变学习落后的状况，他给自己设立了这样的学习目标："我的英语一定要取得好成绩"。这个目标是含糊的，何谓好成绩呢？不具体、无法量化的目标具有虚伪性，无法评估。

③合理。目标必须合理，不实际的目标只会给自己造成不必要的压力。难度太高的或不切实际的目标是不合理的、不科学的目标，如每日锻炼身体10小时、背5小时的英语单词就不合理。

目标并非定下后就绝不可更改的，随着对目标的了解，可能需要对目标做些弹性的调整。例如，原本计划三年完成大学本科课程，搜集相关信息之后发现不能完成，只能用正常的四年时间来完成。

如果目标确实行不通，那么就要尝试去设定另一个目标。例如，牛顿早年就是永动机的追随者，在遭遇了大量的实验失败后，他非常失望，但他很明智地退出了对永动机的研究，而在力学研究中投入了更大的精力。最终，许多永动机的研究者抑郁而终，而牛顿却因摆脱了永不能实现的目标而在其他方面脱颖而出。

（3）目标的管理

目标确定后，需要对目标进行管理。目标管理主要是对确立的目标进行分解，对目标进行评估，分出主次和先后顺序，以便逐步实施。同时，要适时对完成效果进行监控，并根据情况调整下一步实施方案。

①划分目标。一个大目标往往让人不知道从何处入手，或者在追求目标的过程中缺乏信心，因此，可以对目标进行划分。具体方法：第一步是在纸上列出达到目标所要具备的能力、技术或条件等；第二步是规划获得这些能力、技术和条件所需的时间，然后将第二步的结果安排在长期、中期、短期及每天的计划中，那么今后每天仅需要完成当天的工作即可，而不必担心是否能完成终极目标。

对长期目标进行划分，核定每天应该完成的工作量十分必要。因为一个完整全面的目标是不可能一蹴而就的，如果不做划分，就会因为目标的长期性和艰巨性而使人丧失完成的信心和坚持的勇气。

目标划分并非仅适用于长期目标，即使是短时间需要完成的目标也可以分为长期、中期、短期目标，因为这种分类只是相对的。比如，在期末复习时，我们可以把所有课程的复习分为明确课程重点和难点、掌握重点、突破难点三个阶段，计划好完成每一阶段的时间，把每完成一个阶段的工作当作对自己的一次鼓励与反馈，促使自己向下一个目标迈进。这样，将目标分为若干阶段，既可以理清思路，掌握实现目标的节奏，减轻开始着手实现目标时的压力，也有利于保证高效、高质量地实现目标。

②评估目标。太多的目标会分散有限的时间、精力，最终将会一事无成。然而面对众多目标时，又该如何取舍呢？国外研究人员拉肯恩提出了 A、B、C 分类法，他把工作根据其重要性列出工作优先序列表。首先在纸上列出所有的工作，然后逐一评估各项工作，在重要的工作前标上 A，次重要的工作前标上 B，最不重要的工作前标上 C。当完成目标分类的工作后，再将 A 类工作依照其重要性进行排序，因为所有的工作不会具有同等的价值，至于 B、C 类的工作就暂时搁置。

③监控目标。抓住重点目标后，要对目标的实施过程和效果进行审视。我们生活在一个多维而复杂的社会环境中，很容易受到生活环境的影响，可能会偏离主要目标，可能陷在日常琐碎事务处理中，可能因为环境的影响产生了消极情绪，等等。我们要适时对重点目标的进程进行监控，当偏离主要目标时要纠正；当遇到日常琐碎事务时，要及时快速处理；当情绪受到影响时，要尽快调整，及时回归主要目标，有效实施主要目标。目标监控过程中要有量的陈述，如完成多少、百分之几、达到什么级别等；还需要有时限，否则就很容易被遗忘。例如，几月几日以前英语要过四级、几月几日以前英语要达雅思 6 分水平等。

（二）大学生职业生涯规划时间管理

1. 时间管理概述

（1）时间管理的理论基础

根据经济学的相关理论，对于任何人而言，时间都有终点，时间是一种稀缺资源，集中花费时间做某一件事的时候，就无法去完成另外一件事，比如我们有时会面临度假和工作的选择：是选择工作对未来进行投资，或是进行一次来之不易的假期旅行。我们只能选择将一段时间安排给某一事物，如何选择是每个人都会经历的过程。目前，主流的时间管理理论主要有两种，一种是美国著名管理学家史蒂芬·科维提出的第四代时间管理理论，其主张"个人管理"，主张个人对于产能和产出的持续输出的平衡和持久。另一种则是美国著名时间管理大师戴卫·艾伦提出的GTD（Get Things Done）时间管理理论，其主张对于完成流程的时间管理，分为五个步骤，并形成时间管理系统。这两种时间管理理论最为常用，同时在时间管理理论的基础上也发展出许多时间管理理念和技巧。

（2）时间管理方法分类

时间管理的具体方法对于社会生产实践有着更加具体的引导作用，以下将时间管理方法分为三大类。

①效能管理法。效能管理法是指要先分析事项的重要程度和紧急程度，在分清效能和效率的关系的情况下，对于事项的轻重缓急进行把控。

其具体做法如"四象限时间管理"，这套方法主要将不同属性的事项根据实际情况分为四大类，即A类重要且紧急的事项、B类重要且不紧急的事项、C类不重要但紧急的事项、D类不重要不紧急的事项。这四类事项的处理顺序按照ABCD的正序排列。

管理学专家的相关研究表明，在"四象限时间管理"的视角下经常会出现A类事件堆积的状况，具体表现在A类事项的堆积是由于B类事项的处理不善所导致，A类事项和B类事项的属性都为重要事项，但是B类事项并不需要紧急处理，那么在处理重要事项的过程由于并未考虑紧急程度，先行处理了B类事项，导致A类重要且紧急的事项不停产生而未能及时处理，最终造成了A类事项堆积过多。而造成B类事件未能妥善处理的原因往往是优先处理了C类事项，人们只看到了C类事项的紧急程度，花费了大量时间处理这些紧急但不那么重要的事项，并不能抓住整个过程中的核心，甚至会出现在A类事项和C类事项中左顾右盼的情况，导致事项处理得十分混乱。这一系列问题在整个过程中产生了连锁反应，最终便会造成时间管理的混乱，影响整个进程的推进。

有效避免事项处理中所遇到的时间混乱问题也是"四象限时间管理"的研究核心，处理事项的相关人员需要学习并做到尽可能优先考虑事项的核心，在紧急的事项中分出更加重要的事项或用更有成效的事项替代，舍弃既不重要又不紧急的事项或滞后处理，改进事项的性质，如某些A类事项更改为B类事项，确保质量，集中时间处理某一个事项，做到井然有序。根据这四类事项的时间分配，将时间安排大致分为不同的比例供人们参考，其中 A 类事项占据 20%～25% 的时间，B 类事项占据 65%～80% 的时间，C 类事项占据 15% 的时间，D 类事项占据 1% 的时间。

由美国前总统艾森豪威尔提出的"艾森豪威尔的时间管理原则"也是效能管理的典型策略。艾森豪威尔认为，应对四个象限的不同属性事件应该采取不同的具体行动，目标的实现和事项的重要性息息相关，更加利于实现最终目标的相关事项就更加重要，原则上遵从：第一，重要且紧急的事项由本人完成，并且需要立即执行；第二，重要且不紧急的事项也由本人完成，但需要一定的战略规划，力求在长时间线上井然有序地完成；第三，紧急但不重要的事项，尽量委派能完成此事项的其他人来完成，如果不得已必须自己做，就减少此事项的工作量；第四，不重要且不紧急的事项，将这类事项扔进垃圾篓，尽量不做。艾森豪威尔的时间管理原则从个体的时间管理方案出发，能够让重要的事项在自己的掌握中，同时避免不重要的事打乱进程，在一定的资源调配下，使效能最大化。

②艾维·李的效率法。学者艾维·李认为在资源和时间有限的情况下，很多需要去完成的事项是需要进行取舍的，选取对于实现目标而言更加有价值的事项去完成，才能做到更高效地管理时间。

艾维·李指出，每一个人都可以在 5 分钟之内列出明天、下周或者下个月需要去完成的 6 件重要事项，还可以再花 5 分钟的时间去细分出这 6 件事项的不同重要程度，并将它们依次排序，然后在既定的一天、一周或一个月的时间内按照固定的顺序去完成，这种方法也被称为"10 分钟 6 件事效能法"。通过这种方法可以对一段时间的烦琐事项做有效的取舍，并针对最为重要的事项规定顺序和数量，是一种增加执行力的有效手段。

2. 职业生涯规划时间管理

（1）设立明确的目标

时间管理的目的是让人们在最短时间内实现更多想要实现的目标。把想要实现的 4～10 个目标写出来，找出一个核心目标，并按重要性依次排列，然后依照目标设定详细的计划，并依照计划进行。

（2）学会列清单

把自己所要做的每一件事情都写下来，列一张总清单，这样做能随时明确自己手头上的任务。接下来在列好清单的基础上对目标进行切割。

①将学年目标切割成学期目标，列出每学期要做哪些事情；

②将学期目标切割成月目标，并在每月初重新列一遍，遇到有突发事件而更改目标时应及时调整；

③每个星期天把下周要完成的每件事列出来；

④每天晚上把第二天要做的事情列出来。

（3）做好"时间日志"

把我们花了多少时间在哪些事情上详细地记录下来。每天从刷牙开始，洗澡、穿衣的时间，早上搭车的时间，出去见客户的时间……把每天做各种事花的时间一一记录下来，就会发现浪费了哪些时间。只有找到浪费时间的根源，才能找到办法改变它。

（4）制订有效的计划

绝大多数难题都是由未经认真思考的行动引起的。在制订有效的计划时每花费1小时，在实施计划时就可能节省3～4小时，并会得到更好的结果。如果没有认真做计划，那么我们可能正计划着失败。

（5）安排"不被干扰"时间

假如每天能有1个小时完全不受任何人干扰地思考一些事情，或是做一些我们认为最重要的事情，这1小时可以抵过我们一天的工作，甚至可能比三天的工作效率还要高。

（6）确立个人的价值观

假如价值观不明确，就很难知道什么对自己是最重要的，也就无法做到合理地分配时间。时间管理的重点不在于管理时间，而在于如何分配时间。人永远没时间做每件事，但永远有时间做对自己来说最重要的事。

（7）严格规定完成期限

研究者巴金森在其所著的《巴金森法则》中写下这样一句话："你有多少时间完成工作，就会需要那么多时间。"如果我们有一整天的时间可以做某项工作，我们就会花一天的时间去做它。而如果我们只有1个小时的时间可以做这项工作，我们就会更迅速有效地在1小时内做完它。

（8）学会充分授权

列出当前所有自己觉得可以授权别人做的事情，把它们写下来，让他人去做。

（9）同类事情最好一次做完

如果我们在一段时间内专注于做同类事情效率会比较高，因此，同类事情最好一次做完。

（三）大学生职业生涯规划压力管理

1. 压力管理概述

（1）压力的概念

压力是指个体对各种刺激做出生理、心理和行为反应。工作压力也称为工作应激，一般是指工作负荷过重、工作岗位发生变化、担负的工作责任过大或工作责任发生改变时个体产生的压力。工作压力具有两面性，适当的压力能成为人前进的推动力，而过度的压力会影响工作绩效和个体的身体健康。

（2）压力管理

从字面意义来看，压力管理就是对个体或组织的压力进行管理，对于个体或者组织来说，其压力来自内外部因素，这些因素作用于个体或组织，会引发个体或组织身心和行为等方面的变化，而对这种变化进行干预，则称之为压力管理。压力管理的内容主要包括：第一，针对外部压力，如果对个体或组织造成了威胁，要分析压力的根源，然后进行调节与控制，以减少此方面的威胁；如果对个体或组织产生了积极影响，应当适当进一步加强此种影响。第二，针对内部压力，要分析其原因，然后做出具体的应对措施，如果属于个体自身原因，个体应该自我调整，如改变不合理的行为方式、生活习惯等。第三，处理压力所造成的反应，通常要采取缓解和疏导措施，促进个体的身心健康发展，帮助个体形成良好的行为习惯。

2. 压力管理措施

所谓压力管理，可分成两部分：一是针对压力源造成的问题本身去处理；二是处理压力所造成的反应，即情绪、行为及生理等方面的纾解。

（1）问题处理技巧

一般的，大学生在面对自己无法顺利处理的压力时，常采取不太理想的方式，如逆来顺受、逃避、紧张或鲁莽行事等。但是，这样的处理方式往往无法有效处理问题，有时还会惹来更大的麻烦。由于问题处理过程关系到压力的调节，一旦处理过程出了问题，压力严重程度可能增加或者持续更长时间，从而导致严重的情绪、生理及行为伤害，甚至于各种身心疾病的发生。

较理想的处理问题的态度为冷静面对问题并解决它，解决问题的标准步骤如下。

①认清压力事件的性质；

②理性思考及分析问题事件的来龙去脉；

③确认个人对问题的处理能力；

④寻求能帮助解决问题的信息，包括如何动用家庭及社会环境支持系统；

⑤运用问题解决技巧，拟订解决计划；

⑥积极处理问题；

⑦若已完全尽力，问题仍无法在短时间内解决，则表示问题本身处理的难度甚高，有可能需要长期不懈奋战。此时，除了需要培养坚忍不拔的斗志之外，可能还需要其他的精神力量的支持。

（2）压力反应处理

无论问题处理的结果如何，处理过程所产生的压力对身心都会造成明显的影响从而产生一定的反应，因此如何适当处理身心的反应也是压力管理相当重要的一环。

①情绪疏解。不良情绪处理不当常会干扰问题的解决，甚至会使问题本身恶化。如何有效疏解情绪成为问题处理过程中相当重要的环节；否则，即使有了一个较好的解决计划，也可能因为情绪失控使成效大打折扣。在接受任何形式的心理治疗初期，疏解情绪是最重要的步骤，只有如此，才有办法逐渐进入问题的核心。

情绪疏解的方法如下。

一是接受情绪经验的发生。情绪经验的发生是相当正常的，因此觉察自己的情绪并接受自己情绪的过程，会使自己正面去看待情绪本身，而采取较为适当的行动。问题不在于情绪本身，重要的是当事人因对情绪的扭曲及自身的压抑而出现的问题。如果不能正视情绪的存在，反而可能为情绪所奴役。

二是情绪调节。适当宣泄情绪有助于恢复情绪的平衡，如向忠实的聆听者诉苦，对方往往可以给予精神上的支持与关怀。另外，也可以在不干扰别人的前提下，痛哭一场或捶打枕头，把情绪适当宣泄出来，以避免在解决问题的重要时刻把不适当的情绪表露出来。

②正向乐观的态度。在处理压力问题时往往会遇到困难，如果是因为自己的能力不足，那么整个问题的处理过程就会成为增强自己能力的重要机会；如果是环境或他人的因素造成的，则可以理性沟通来加以解决，如果无法解决，则尽量以正向乐观的态度去面对每一件事。正向乐观的态度不仅会平息紊乱的情绪，而且能使问题导向正面的结果。

③生理反应的调和。当一个人在沉思、冥想或从事缓慢的松弛性活动时，如肌肉松弛训练、练瑜伽、打坐等，会产生一种宁静气息，使得心跳、血压及

肺部氧气的消耗降低和减少，从而使身体各器官得到休息。对于常常不自觉地使自己神经紧绷，甚至下班后仍满脑子工作压力的人而言，这是非常好的休息方式。另外，处于压力状态时，运动是使生理反应平静下来的相当有效的方式。因为压力会促使肾上腺素分泌及流动性增加，而运动则可以减少其分泌量并消散其作用。因此，形成规律、适当的运动习惯，是对抗压力相当重要的方式。

④行为上的调适。应该避免不适合的宣泄行为，如滥用药物、酗酒、大量抽烟及涉足不良场所等，而应该参与正当的休闲娱乐，如与朋友聚会、登山、参加公益活动、技艺学习、团体活动等。

（四）大学生职业生涯规划情绪管理

1. 情绪管理概述

（1）情绪管理的概念

情绪管理主要围绕个体的情绪进行深度研究与分析，通过不断培养个体控制情绪的能力，确保个体情绪朝向健康、积极的方向转变。一般来说，情绪管理更加侧重于强调以人为本的理念精神，主动结合个体情绪变化成因以及表现形式，采取针对性措施引导并且调动个人的积极情绪，促使个体情绪朝向好的方向发展。

（2）情绪管理的类型

情绪管理可根据表现形式以及作用性质的不同细分为多种类型，主要可以围绕情绪自我察觉能力、情绪自我调控能力、情绪自我激励能力、对他人情绪的识别能力以及处理人际关系的能力等进行深度研究与分析。

其中，情绪自我觉察能力更加侧重于强调了解个人的内心想法以及心理倾向；情绪自我调控能力更加侧重于强调通过控制个体的情绪或者抑制个体的情绪冲动，消除不健康心理或者不良情绪；情绪自我激励能力主要是指通过加强引导或者推动个体的情绪发展，保障个体可以进入某一种特定情绪状态；对他人情绪的识别能力主要是指个体应该具备了解他人的情绪状态的能力，最好可以设身处地地换位思考，及时掌握他人的情绪状态；处理人际关系的能力主要是指个体应该具备调节或者控制他人情绪的能力，增强交谈过程的顺利性与友好性。

2. 情绪管理措施

（1）情绪智力的培养

所谓情绪智力是一个人把握与控制自己情绪的能力；了解、疏导与驾驭别人情绪的能力；乐观看待人生、自我激励与自我管理的能力；面对逆境与挫折的承受能力；人际关系的处理能力以及通过情绪的自我调节不断提高生存质量的能力。人的智商与情绪智力相互制约，互相促进，分工不同。

现代心理学的研究成果表明，在决定一个人成功的要素之中，智力起大约20％的作用，而80％的因素是情绪智力。仅仅是高智商，难以成就大业，只有智商和情绪能力都高的人，才能在现代社会立足。古今中外，无数实例反复证明：良好的心理素质是一个人成功的决定性条件。有学者针对目前我国大学生的情绪智力状况进行了问卷调查。结果发现在校大学生的克制能力、乐观能力、抗挫折能力和自制能力呈明显优势；而处世能力、意志能力、自信能力和性格倾向性居中等水平，其潜力有待进一步挖掘；适应能力、包容能力、情绪稳定性和气质随和性最为薄弱，因而迫切需要加强这些方面的能力素质与个性特征的教育和培养。

情绪智力教育十分重要，它能使我们在工作学习中达观开朗、精神清爽；它能使我们在人际交往中更具魅力；它更能使我们进行自我激励，从而把许多"不可能"变成现实。

（2）做自己情绪的主宰

情绪是我们自己思想的产物。没有思想，就没有情绪；有什么样的思想，就有什么样的情绪。我们对自己的情绪不是无能为力的，可以通过调节自己的思想来调节自己的情绪。如果我们把思想集中在事情的积极方面，就会产生积极情绪；如果我们把思想集中在事情的消极方面，就会产生消极情绪。

能不能保持心情愉快，责任在自己。看看那些善于驾驭自己情绪的人，或那些被称为情绪上有修养的人，他们并非像一般人所想象的那样"解决"了所有情绪上的问题，他们也和我们一样会遇到各种情绪上的麻烦，但是他们知道应该如何看待这些问题，懂得如何使自己保持心情愉快。心理学家通过理论研究和实践验证，创立了许多行之有效的情绪自我调节方法，大学生可根据自己的情况有选择地加以使用，从而主宰自己的情绪。

①理性情绪法。理性情绪法认为，人有理性和非理性两种信念，这些信念指引下的认知方式会左右人的情绪。人的消极情绪产生的根源来自人的非理性观念，反之亦然。要消除人的消极情绪，就要设法将人的非理性观念转化为理性观念。例如，有的大学生过去生活在顺境中，事事顺利，现在环境条件发生了变化，仍然要求事事顺利。如遇挫折，在非理性观念的作用下，必然导致或加剧其消极情绪。如果将上述观念加以纠正，则消极情绪就能克服。大学生在

运用理性情绪法时，应首先分析自己有哪些消极情绪，从中分析、概括出相应的非理性观念，对比两种观念状态下个人的内心感受，鼓励自己向理性观念方面转化，从而有助于排除不良情绪。

②延缓反应法。延缓反应法是通过有意识地延缓自己的行为反应来增强自控能力的方法。一个人在做出冲动的反应时，若能延缓自己的情绪反应，就能赢得思考的时间；而经过思考，哪怕只是很短时间的思考，也常常能改变原来凭直觉对情境所做的不正确的评价和估量，使自己从惊慌和气恼等常常导致举措失当的情绪状态中解脱出来，避免由于做出不适当的反应而招致不良后果。人都是从不成熟到成熟，从不能实行自控到能够实行自控的，而自控又都是从反应的延缓开始的，如果一遇到刺激就反应，那也就无所谓自控了。运用延缓反应法，训练自己在感情冲动时有意识地克制自己的反应，以赢得思考的时间，是增强自控能力的一个有效途径。

③自我适度宣泄法。因挫折造成焦虑和紧张时，消除不良情绪最简单的方法莫过于"宣泄"。切忌把不良心情埋藏于心底。焦虑隐藏得越久，受到的伤害就越大。较妥善的办法是向亲朋好友倾诉，一吐为快，求得安慰、疏导、同情；甚至可以放声痛哭一场，也可以"愤"笔疾书，或去打球、游泳。但是，一定要注意场合、身份、气氛，注意适度有节，而且宣泄应是无破坏性的。

④放松训练法。放松训练法是一种通过练习学会在心理上和躯体上放松的方法。由于心理压力和生活方式的变化，一些大学生心理应激水平高，心理冲突强度大，挫折体验多，加之性格上的缺陷，极容易引起消极的身心反应，如躯体化症状（头痛、头昏、血压不正常、消化系统紊乱、背痛等），消极的情绪状态（焦虑、恐惧、紧张、烦躁、冷漠、悲观、孤寂等）。放松训练可以帮助这些大学生减轻或消除各种不良的身心反应，且见效迅速。放松训练的具体做法很多，如静坐等，大学生可在心理咨询人员的指导下尝试进行放松练习。

⑤矛盾取向法。矛盾取向法是在进入或摆脱某种情绪状态的强烈愿望无法实现时，故意反其道而行之的方法。我们常会有这样的经历：当我们急于进入或摆脱某种情绪状态时，越急越带来相反的结果。例如，越想尽快平静下来，越平静不下来；越想别慌，慌得就越厉害。这种情况使我们想道：既然过于强烈的愿望会带来完全相反的结果，那么是否可借助一种完全相反的愿望来实现原来的愿望呢？心理治疗的实践证明这种可能性是存在的。

（3）建立积极的自我意象

自我意象就是关于"我是什么样的人"的自我想象，是人们给自己画的一幅心理肖像。每个人从童年起就不断地用各种色彩涂抹着自我的肖像，尽管这一肖像在大多数人的意识中是模糊的，但是它对人们心理活动的调控是明显的。我们把自己看成什么样的人，我们就会按那种人的方式去行事；我们对自己有什么评价，我们就会不断地去寻找各种事实来证实那种评价。我们的所作所为、所感所想，常常是与自我意象相一致的。

同样，我们对自己的情绪活动也有一个类似的自我意象。有些大学生不是常用这样一些词来描述自己吗——"人家说我热情开朗""我是个天生的乐天派""我这个人老是容易发脾气""我总是担心害怕"等。如果我们回想一下自己的情绪经历，就会发现，我们的情绪表现和体验常常与我们对自己的看法相一致。

有人可能要问，既然如此，那还谈什么情绪调节呢？我现在这样，将来还会这样，因为我现在的自我意象就是如此。强调自我意象的重要性，并不是要大学生安于现状、自暴自弃，而是为了指出要想调节、改变自己的情绪活动，使自己成为情绪上有修养的人，必须建立积极的自我意象。那么，如何建立积极的自我意象呢？

①从想象和装扮入手。著名英国滑稽演员斯图尔特，年轻时有着羞怯的毛病，与人谈话支支吾吾，极为胆怯，甚至不敢向行人问路、向公共汽车售票员打听是否快要下车。为此，斯图尔特吃尽了苦头。后来他终于找到了一个办法：同陌生人谈话时，自己就装扮成一个显赫的重要人物，用同这个人物身份一致的语调说话。这使他受益匪浅。不久，难为情、拘谨、羞怯的毛病在交际中不再出现了；而且，朋友们很快注意到，他模仿别人太像了，并收到令人欢乐的滑稽效果。从此他开始步入舞台，走上成功之路。

②把注意力集中于成功的经历。这是建立积极的自我意象的另一个重要方法。积极的自我意象意味着对自己的积极评价，而积极评价源于成功的经历。因此，把注意力集中于成功的经历，从中悟出道理，并养成记住成功而不拘泥于失败的习惯，是建立积极的自我意象的重要途径。

第六章　大学生精准就业现状及影响因素

新形势下，如何运用新媒体平台推动高校毕业生就业服务的信息化、精准化成为当前一个重要课题。本章分为大学生精准就业现状、大学生精准就业影响因素两部分。

第一节　大学生精准就业现状

一、大学生精准就业的困境

（一）政府视角

1. 片面追求就业率

现阶段，一些地方政府以就业率来评估学校的综合素质，所以部分高校会基于此来强制学生找单位扣企业章表明已就业，以此应对政府的评估。这种评估方式会对学生及用人单位造成资源浪费。在这种情况下，学校及学院上报的学生就业情况就可能存在一定程度的虚假，对其原因进行分析是学校受政府评估方式的影响，受自身利益和荣誉的驱使，这会消耗毕业生的工作热情，对毕业生积极就业带来不良影响。

2. 个别地方政府指导作用不够

部分毕业生经过努力终于找到合适的工作。但是，在办理入职手续时存在诸多问题，如人事档案存放、社会保险办理等，导致入职手续办理有难度。多数毕业生在就业过程中，会发现地方及生产单位缺乏安全保障及应急预案，只以发展为目标，对待安全问题不够重视，具有投机心理，认为安全隐患发生概率较小，不会发生在自身身上，所以未构建合理的安全体系及突发事件防范体系，或者缺乏具体的防控标准，为了应付检查而采取表面性的措施。

现阶段，国家及政府基于学生就业和顶岗制定了许多相应的政策及法律规定，部分优惠政策未进行统一的政策介绍、梳理和汇总，只是由政府多个部门进行零散的管理，同时受沟通及宣传教育影响，毕业生不了解甚至不知道这些政策，在出现问题时，不知如何解决，难以将其作为促进自身就业的有效手段。部分地方政府对上级部门的政策缺乏理解与落实，甚至为了解决毕业生的就业，而直接将他们推向民营销售企业，未能充分考虑毕业生的创业想法，缺乏对扶持创业的足够重视。部分部门在办理手续时存在互相推诿、效率不高的问题。基于这些问题，政府需加强管控与优化，为大学生提供良好的就业与创业环境，帮助大学生找到合适的工作，实现大学生的个人价值与社会价值。

3. 对中小微企业的支持力度不够

高校毕业生的就业和我国中小微型企业密不可分，可以说大部分毕业生的就业岗位都是中小微型企业提供的。可疫情导致中小微型企业受到重创，很多企业因为无法开门经营而倒闭，企业的减少与不断增加的毕业生人数产生矛盾。尽管在疫情稳定后，政府出台了很多扶持中小微企业的政策和资金支持，但还存在着明显的问题。

比如：虽然国家积极复工复产，但中小微企业在进入门槛、审批手续、所费成本等方面仍存在问题；有关中小微企业发展的法律法规不健全，政府宏观管理滞后；企业融资渠道不够宽；等等。这些都体现了政府对中小微企业的支持力度不够，这不仅不利于企业的发展，更不利于高校毕业生全面就业。

4. 就业和失业保障制度不完善

就业和失业保障制度为我国高校毕业生就业提供了保障和服务，政府为了更好地保障就业和实现再就业，出台了许多相关的就业和失业保障政策。但仍有不少毕业生就业受阻、无法就业或者难以再就业，究其原因有以下三点。

（1）人口流动受限

虽然国家大力推行就业保障政策，但地域与地域之间仍然受到户籍的限制，比较明显的是一些事业单位和国企在招聘时提出的"仅限某某户籍"的报考条件。

（2）信息不对称

政府为了促进高校毕业生就业开设了很多就业网站，设置了就业指导网点和互动式就业信息平台。但有时候网络上的就业平台信息与现实情况不符，可能导致毕业生有被欺骗的感觉，影响就业。

（3）就业帮扶和失业保障效果不明显

近年来，国家提出了很多就业帮扶和失业保障政策，但部分地区对于就业和失业人群不够重视，政策宣传不到位，失业人员的各项保障制度落实效果不明显。就业和失业的高校毕业生不能享受到相关保障政策，导致就业和再就业出现问题。

（二）高校视角

高校是"为谁培养人、怎样培养人、培养什么样的人"的重要阵地，毕业生就业质量的好坏直接反映出该培养阵地的基础是否夯实。随着高校的不断扩招，高校在发展的过程中，或多或少地出现了一些问题，这些问题直接或间接地影响了大学生的就业，归纳起来主要集中于以下几个方面。

1. 高校人才培养模式滞后

第一，大部分高校的教学仅围绕书本、教师和课堂，学生实操训练的机会比较少，就算学校有专门的实训场所，也是"供不应求"，且没有很好地结合学科特点。

第二，教学现代化手段不完善。一些高校虽然建立了网络学习资源平台，如经纬学堂、共享资源库等，但课程内容和设置不全面，资源不够丰富。网络课程多为自修课程，学校没有硬性的学习要求，高校学生的自主学习意识不够强，自控能力较差，没有明确的学习计划，一般不是学校要求学习的，都不会自行去浏览学习，所以网络资源往往发挥不了作用。部分高校没有建立完善的网络管理平台及相关的网络基础设施。在科技迅猛发展的时代，学校缺少一站式的网络管理平台和相应的基础设施，会使网络学习资源、相关信息等无法快速、有效地传递给学生，导致学生所学的知识无法及时更新。

第三，部分高校对培养目标定位不清晰，将学生的主动性、创新性和动手能力抛在脑后，很大程度上会打击学生的学习热情，改变学生的学习态度。学生上课不认真，实践能力又得不到锻炼，毕业以后也达不到就业的要求，可能导致高校毕业生陷入就业困境。

第四，部分高校的师资水平不高，虽大力引进青年教师，革新师资力量，但青年教师实际教学经验不足，如果学校没有建立完备的考核系统，那么青年教师自身的教学水平就无法提高，甚至会影响学校的整体师资发展和教学质量。

2. 专业设置不能适应市场需求

专业设置字面的意思是在国家总体教育方针和政策导向下，为了迎合市场需求而设置的教学项目，如英语专业、电子商务专业、汽修检测与维修技术专业等。每个高校都会有几十个甚至更多的专业供学生选择，而专业的选择也直接决定了毕业生的就业方向。由于专业设置受培养目标的影响，所以高校的专业设置是往培养全能型人才方向发展的，而高校要求的是学生对专业技能和其本专业的背景及相关专业知识进行了解、学习及掌握。随着社会的发展和进步，我国提出了许多新政策，企业对新型人才的需求也与日俱增。这就要求高校实时革新专业设置，适应市场的需求和国家发展的需要。但部分高校专业的设置已经不符合发展的需要，这将降低高校毕业生的就业率。

3. 精准就业指导服务存在问题

（1）精准就业指导服务缺乏系统性理念支撑

①精准就业指导与职业规划教学过程缺乏连接性。大学生的综合素质不能满足现代用人单位日益增长的需求是解决大学生就业困难的关键问题。高校要进一步加强职业价值观教育，以此来帮助学生形成正确的就业观，以便明确职业生涯方向。高校要关注学生的职业心理、职业行为等，增强其竞争意识，全面提升学生的核心竞争力。此外，高校还应开设系统的职业生涯规划课程和就业创业课程，帮助学生梳理就业创业知识体系，加强高校的精准就业指导工作。

②精准就业指导服务的工作方法与手段单一。高校的精准就业指导服务单单围绕就业形势、就业政策、择业心理等展开，内容过于程序化，宏观的内容较多，而没有注重学生的参与和体验，具体的内容相对较少。

（2）精准就业指导服务的经费投入不足

①精准就业指导服务经费不足。高校的教育经费不足，会影响就业指导工作的开展，难以保证就业活动多样化，在这种情况下很难实现专业化、精细化的就业指导目标。

②缺乏专项经费支持就业指导服务工作。由于缺乏专项经费，精准就业指导服务部门难以专业化、人性化、个性化、信息化地开展工作，使得学生接受的培训不够系统化，造成学生无法精准地体验到精准就业指导服务。总之，高校缺乏教育经费的支持，导致精准就业指导工作难以创造性地开展。

（3）精准就业指导服务缺乏支持

①缺乏有力的政府支持。虽然政府对于高校的精准就业指导服务工作的态度是明确的，但是缺乏具体的、可操作的、有力的配套政策支持。政府支持力度较小不利于精准就业指导服务工作的开展。

②缺乏有力的社会扶持。由于高校缺乏社会认可度，高素质人才很难被吸引加入高校，这对高校精准就业指导服务的质量造成了很大的困扰。要提高精准就业指导服务质量，需要大量的人才投入工作当中。

（4）精准就业指导服务重形式轻内容

①精准就业指导服务过程性指导不足。高校精准就业指导服务存在重形式轻内容的倾向，没有成效的形式只是空有其表，虽然华丽，但缺乏实用性，中看不中用，缺乏对过程性的指导，导致培养出来的学生不能满足岗位的要求。高校要了解社会对人才培养的需求，更加务实有效地完成精准就业指导服务工作。

②精准就业指导服务功利性比较突出。随着经济社会的快速发展，应该重新定位精准就业指导服务工作，与时代共同进步，贯穿大学生就业的全过程。但是，大多数高校的精准就业指导的内容围绕着就业背景、就业政策等方面来讲解，而缺乏针对专业就业前景的分析与讲解，在指导学生就业上难以做到有的放矢，难以体现精准就业指导服务工作的个性化，无法适应当前的新变化。

（5）精准就业指导服务缺乏创新的模式

①精准就业指导服务缺乏建设性指标。教育主管部门对高校精准就业指导服务工作缺乏管理，使得一些高校非常随意地开展工作，难以提高高校的就业质量。

②精准就业指导服务的精准性有待加强。随着时代的发展，我们进入互联网＋时代，高校学会利用互联网很有必要。根据调查来看，一些高校没有去调查分析与就业有关的信息，没有搭建就业前的实践平台，只是简单地组织建立微信群、qq群等信息交流平台，或者指导毕业生自己去招聘会、人才市场或者劳动力市场获得实习工作的机会，在一定程度上降低了精准就业指导服务工作的精准性。

（三）用人单位视角

1. 学历歧视现象依然存在

学历歧视确实是无形中存在的，我们平常可能感觉不到学历的重要性，但是到了关键时刻才认识到一份好的学历是多么重要。在高中时期我们往往不清楚为什么一定要考一个好成绩，为什么要进入一所好的大学，总以为反正是上大学在哪里不都是一样学习，可是毕业后的现实却给了我们重重一击：如果我们的学历达不到该公司的招聘门槛，我们连一个面试的机会都没有。部分企业虽然知道应该把企业岗位的实质需要和需要哪方面的人才作为招聘的方向，但仍将学历作为最大的硬性标准，企业招聘当中存在的学历歧视现象更是屡见不鲜，甚至有愈演愈烈的趋势；有的企业在招聘时公然区别对待不同学历不同学校毕业的学生，针对不同的学历和院校，制定不同的用人条款。这不仅侵害了应聘者的合法权益，而且也不利于社会人才资源的科学合理应用，因此，学历歧视问题要再次引起用人单位的注意。

2. 个别企业用人制度不完善

中小微企业是高校毕业生就业的首选，也是提供给高校毕业生最多工作岗位的地方，但是中小微企业毕竟是私人或民营企业，这些企业的管理者能力有高有低，企业的管理和用人机制也各不相同，难免会有一些不完善的地方。

一些企业之所以选择刚毕业的学生，也只是因为他们脑子灵活，所付的工资低。有些企业以学徒制招聘进来的毕业生或实习生除了每天无偿加班，节假日也是各种加班，请假手续也存在"不近人情"之处，请假扣的工资也没有详细说明。工作繁重但工资低得吓人，导致很多学生在实习期或者拿到毕业证以后就会离职，而企业这时又招聘另一批新人，以此来达到降低运营成本的目的。这些随意克扣员工工资、缩短员工的休息时间、不按合同或规定增加加班时间、安排实习生去做工作以外的事情等现象，正是部分企业管理和用人制度不完善的体现，这也会使得员工情绪不稳，士气低落，责任心差，造成员工的流动率很高。

适当运用一些激励制度在一定程度上可以起到良好的效果，但是，目前不少企业的激励制度存在问题，主要表现在两个方面。第一，不少企业主要以物质激励为主，而没有关注到精神激励，企业文化没有真正以人为中心，主要是以冰冷的制度对人进行约束和限制，难以让员工感受到来自组织的温情和关怀，不利于达到人性化管理的目的。第二，不少企业主要以短期激励为主，没有考虑到长期激励，主要是为了换取短期效益，以牺牲长期利益为代价，不利于企业的长远发展。在现实中，如果企业一直强调物质激励，会造成公司员工崇尚物质，形成物质至上的思维，这和我国的主流价值观不符，甚至会出现拜金主义思潮。此种激励若是掌握不好度，往往会适得其反，不但达不到激励的效果，甚至还会让员工的胃口越来越大，最终欲壑难填，无法满足员工的欲望，员工便会跳槽或者离职。

部分企业不愿意培训新人，担心培养完员工后，他们会离开企业，从而增加企业成本。部分企业直接选择聘用应届生，也不给培训，直接让他们上岗。部分企业并未做出有效的人才储备和培养计划，常常出现人才断层，这也不利于企业的发展和毕业生的就业。

（四）毕业生视角

1. 自身就业观念的束缚

第一，一些高校毕业生面对严峻的就业形势，往往选择"找关系"或父母介绍等方式，妄图以走捷径的方式完成就业，而这些毕业生的父母也不反对甚至为孩子能这样找到工作"出谋划策"，这样不利于就业环境的公平和公正。

第二，受家庭因素和传统因素的影响，高校毕业生倾向于去国企、事业单位工作，或者是发达城市就业。他们觉得这样的工作不仅体面，而且收入丰厚，往往不会选择偏远地区和基层。上述观念并不可取，会造成毕业生错误的认识，有些毕业生不按照个人的喜好和个人技能来选择工作，有些毕业生仅仅把基层岗位当成锻炼。

第三，有些毕业生对自身就业定位太高，盲目追求高薪职业，对企业的性质和运营不甚了解，过分追求物质和利益，甚至掉入传销、诈骗和网贷的陷阱也浑然不知。

第四，大部分毕业生都会选择与自己专业相关的工作，而对于不对口的专业坚决不考虑，被这种固有的就业观念束缚后，毕业生可能会失去很多可以就业的机会，结果得不偿失。

第五，部分高校的学生对于自身的职业生涯没有规划，不清楚自己的职业定位，盲目就业盲目失业，长期处于迷茫之中，无法适应就业状态。

第六，部分高校毕业生没有树立职业理想和增强政治道德意识，在就业中找不到目标或因为自身品德不良被辞退。高校毕业生如果没有坚定的理想信念，没有良好的职业操守和道德意识，终将被激烈的就业市场淘汰。

2. 专业能力水平不高

近几年，国家一直在推行扩招政策，一些高校学生的录取分数偏低，学生的自主学习能力和道德素质水平也较低。部分学生没有学习目标和学习兴趣，盲目听从学校安排，对于专业课程和专业能力的学习和掌握很被动，也不在意，上课只是为了应付，在课堂上玩手机、睡觉甚至迟到、早退、旷课。面对竞争激烈的就业环境，如果大学生没有较高的专业能力水平，在就业中就会处于劣势。

3. 大学生职业生涯规划存在的问题

理学家朱熹言之："论先后，知为先；论轻重，行为重。"知在先，起准备作用；行为重，是达到目标、获得成就的关键。职业生涯规划不仅仅是"我想"的过程，更是一个"我做了"以及"做得如何"的过程，也就是所谓的知行合一、学思并起。

大学生在职业生涯规划上存在的问题是未做到知行合一，缺乏规划意识，行动力稍显不足，致使个人职业生涯规划不清晰。除此之外，重视职业生涯规划知识、间接经验的获取，而忽视了在实践中生成直接体验。总的来说，主要可归纳为以下几个方面。

（1）有规划意识与执行力不足相矛盾

21世纪是科学技术大发展、媒体信息大爆炸的时代。这个时代的年轻人，生活丰富、价值多元、选择繁多，他们不再满足于衣食住行的生存需要，而是将目光放到了对自我的探索中，他们的自我意识得到了极大的提升，对于自己未来的成长发展更加关心，对"我是谁""我要做什么"的问题有着更多、更独到的思考和见解。

职业生涯规划意识是个人自我意识在职业生涯规划过程中的具体表现，是对职业生涯规划的态度、认知，是个人做好职业规划、就业准备的内在动力。综合化发展背景下大学生职业生涯规划意识总体上呈现较高水平，这与王兴国、张聚华等学者专门针对大学生职业生涯规划意识开展的调查研究的结果一致，学生大多会有倾向、有意识地思考自己未来的职业生涯，如"会思考自己以后的就业方向""有想过我自己到底想要什么、适合什么""我觉得做规划挺重要的，不然就会迷茫"，但意识是内在的，要外化为结果，作用于个人成长，则需要行动力的支持，所以职业生涯规划的过程既要"慎思之"，又要"笃行之"。相较于意识水平，大学生的职业生涯规划行动力反而处于较低水平。换句话说，意识高、行动力低就是"会想不会做"。这一方面表现为大学生很少会制定合理、可行的职业生涯规划方案。例如，他们了解自己的兴趣和能力，明白职业生涯与个人发展之间的关联，但却不知道如何匹配明确可行的职业目标；或是有了一个大概的目标，却没有实施方案，结果职业生涯规划半途而废或是脱离实际。另一方面表现为大学生很少主动构建系统的职业生涯规划知识结构。

（2）目标导向与过程管理缺失相矛盾

确定目标，是职业生涯规划的核心内容。在就业压力只升不降的社会背景下，当代师范院校大学生很早便开始寻求未来的职业发展方向，做好职业定位。他们更注重职业对自身发展的作用，而非为了工作而工作。但目标只是一种结果期待，要结合行动和过程管理才能实现。

调查发现，大学生大多有一个模糊的职业目标，但不知道如何创造利用自身和环境资源去管理目标的实现过程。

（3）多间接接受与少直接体验相矛盾

心理学家威廉·佩里在皮亚杰认知发展阶段理论的基础上，对大学生认知发展进行了研究，结果发现在不断面对的复杂情境的推动下，大学生认知发展从二元性思维逐渐向相对思维模式转变，知识不再是确定的、可复制的，而是根据特定情境变化和使用的。大学生认知的发展也需要已有的知识与真实情境、课堂与生活实践共同作用，间接接受与直接体检互补融合。

大学生关于进行职业生涯规划的知识主要来源于相关课程、就业指导，但教师时间精力有限，无法顾及每一位学生对课程内容的见解、疑惑，学生完成课后作业的质量也难以保证。同时，就业指导也以讲座、指导咨询的方式进行，两种传统教育形式下，大学生对职业生涯和职业生涯规划的思考则主要依赖于间接接收到的信息。大多数大学生在间接接受职业生涯规划相关信息之后，很少会主动去现实情境中进行实践验证，在考察外部职业环境和自身有待提升的职业能力方面还缺乏一定的积极性。如此一来，大学生通过体验、参与所获得的直接经验就非常有限，且其很难与间接经验发生交互作用，对职业目标的认识难以达到立体、准确的程度，计划实施的反馈也主要停留在"想一想""谈一谈"的层面，如与同学进行讨论沟通，在网上浏览论坛和讨论帖，但这些都产生于他人所处的特殊成长背景和环境，并不一定适用于规划者本人。

（4）大学生认识环境的能力存在不足之处

基于帕森斯"人职匹配"理论，认识自我特征和认识职业因素在职业生涯规划中最为基础和重要，个体进行职业生涯规划的首要原则是要对自我有充分的认识，第二原则就是要对职业因素有充分的了解。职业因素即想要获得职业成功所必须具备的条件，从现实角度出发，它包括工作中的客观职业因素，也包含影响客观职业因素的环境因素。

有研究发现，大学生在认识环境的能力维度，仅对工作内容、工作特点、薪酬待遇等客观的职业环境因素表现出较高的认知水平，但对于社会、学校、家庭，这些也对个人职业生涯规划产生重要影响的环境因素上，存在认知能力明显不足的问题。随着我国产业结构的优化和调整，职业的类型和数量不断增加，社会环境给予求职者的就业渠道日益宽泛，有效把握社会的就业政策、人才需求信息、经济状况等，无疑是扩大就业机会的有效途径。此外，大学生也未能有效运用学校就业指导中心的如招聘信息、职业生涯规划知识、讲座等资源，对于学校就业指导中心官网上发布的职业生涯规划信息并不知情，学校引入的校外专家讲座的参与度也不高，而对于家庭背景及周边关系对自己职业发展的促进程度，如家庭氛围、父母职业等，能够给予明确分析的大学生少之又少。大学生认知这些能够对自己的职业生涯规划产生积极影响的有用信息的能力明显不足。

对于大学生而言，及时有效地掌握环境信息是对自身的职业生涯做出准确定位和科学规划的重要基石，仅片面地掌握客观的职业信息显然是行不通的。

（5）大学生欠缺职业决策制定能力

人与职业的匹配不是短时期内就能完成的任务，这需要长时间的摸索以及丰富的信息加工能力。职业发展的认知信息加工理论所关注的就是如何做出职业决策，寻求的是自我与职业间的最佳平衡，从而找到就业的可能性。

有研究发现，在认知信息加工能力维度，大学生沟通方面的能力较为突出，分析能力较弱，综合、评估和执行能力均处于中等水平，整体看来，大学生职业决策能力较弱。大部分职业问题都有一个共同特性，即理想状态与现实情况之间存在一定的鸿沟，在外部压力的干扰下，实际情况往往不能按照人们内心期望的方向发展，消除差距就是我们解决生涯问题和制定职业决策的主要动机。想要解决职业问题，就要对信息进行思考和加工，沟通是决策制定的起点。大学生能够意识到自己有做出职业选择的需要，但是大部分学生却止步于此，对于后续的自我信息和工作环境信息的分析并不理想，自然也无法顺利建立起二者之间的联系，陷入个人信息与职业信息分裂的局面，职业决策的过程一环紧扣一环，分析环节进行不顺利，做出最佳职业的选择就更无从谈起。可以说，大学生对信息的把握和分析越透彻，获取职业成功的可能性就越大。

（6）大学生缺乏目标计划确定能力

"大道以多歧亡羊，学者以多方丧生"，做任何一件事，没有一个明确的目标则会事倍功半，最后无功而返，可以看出，制定一个适合自己职业发展的目标是如此的重要。而计划往往与目标相辅相成，职业生涯目标只是停留在大脑里的初步想法，大学生还需要依靠计划来将其具体化、系统化。

对于大多数学生而言，制订职业计划已成为其职业生涯规划能力培养的难点。大学生面临的就业压力较大，如果没有利用在校时间确定目标和计划，将会导致就业形势更加不容乐观，因此掌握确定目标计划的方法至关重要，但大部分学生对确定目标和计划的方法掌握并不理想。

清晰的职业生涯目标会成为大学生职业发展的灯塔，详细的计划则有利于大学生的目标转化为实践的行动准则。在整个职业生涯规划过程中，职业生涯的目标和计划是两个最为重要的部分，大学生目前所具备的确定目标和计划的能力还远远不够。

4.心理素质较弱影响求职能力

受教育、成长环境长期的影响，大部分大学生的心理素质不强，不同程度地存在缺乏自信、怯于表达、嫉妒心强等问题，这些问题都在求职就业中影响成功率。由于自身综合能力的欠缺，大学生害怕、担心其无法与其他大学生同台竞技，担忧自己找不到工作或找不到合适的工作，害怕就业；受家庭环境的影响，他们为了偿还家里的经济债和自己对家庭愧疚的心理债，想尽快地找到一份高薪的工作，表现得急于求成、没有耐心和恒心；受眼界和资源的限制，一些大学生不清楚自己的就业方向，更不懂怎样规划自己的职业，心生怯懦，缺乏自信。

（五）家庭视角

1. 家庭教育失位

家庭是高校大学生最初接受教育的地方，家庭教育主要传授大学生做人做事的品质以及怎样生活的基本技能。父母一般要通过自身的言传身教、亲情传递来塑造孩子的后天的个人品质。

但是，家庭教育并不能完全给孩子带来良好的思想理念，有的父母经常采用金钱奖励的方式来鼓励自己的孩子学习，并没有意识到这种方式会造成大学生在日后的就业中崇拜金钱、追求利益的现象。此外，有的父母对子女过度溺爱，使孩子形成"无所不能"的心理，产生了家庭优越、工作不愁的想法，从而忽略了对专业知识和技能的学习，影响了就业能力的提升。

2. 教育投入较少

受经济条件、子女数量以及思维模式的影响，一些学生所能够获得的教育投入相对较少。尽管大部分学生学习非常勤奋刻苦，但部分人在其他能力和综合素养方面仍然较弱，从而在就业中竞争力也相对较弱。从家庭方面考虑，大学生进入大学生活以后，不愿意听众父母或亲戚的安排，导致大学生处于一种自主发展的状态。

二、大学生精准就业的新境遇

根据马克思主义唯物史观理论，社会存在决定社会意识，社会意识反作用于社会存在。新冠肺炎疫情防控作为一种社会存在的总体背景，对高校的就业工作产生了一定影响：人才培养与社会需求不匹配、部门联动与协调推进不匹配、就业定位与企业需求不匹配。研究疫情背景下出现的就业困境对于提升高校就业工作的针对性和实效性具有重要的理论和实践意义。

（一）人才培养与社会需求不匹配

高校要坚持把立德树人作为中心环节，把思想政治工作贯穿教育教学全过程，实现全程育人，全方位育人。高校的本职工作就是立德树人，要将提高人才培养质量作为学校工作的重中之重，这不仅是高等教育的根本内容，更是检验高校高水平、高质量发展的重要指标。

1. 对国家教育方针和政策的研究力度不够

学校在学生培养上更多注重课程授课、科学研究，导致在政策敏感度和研究力度上都存在一定的欠缺。

2. 高校人才培养方案更新力度不够

目前高校的教学内容、评价指标等与社会的真实需求衔接不够，高校人才培养导向上有误差，造成学校培养的学生不能满足社会的需要。

3. 学生理论学习和社会实践结合紧密度不够

大学生活更多的是校园生活，学生与社会接触较少，社会认知和阅历明显不足，导致学生专业基础学习能力较强但社会实践经验不足。因此，人才培养和社会需求要早衔接、早谋划、早推动，不断提高人才培养质量，把高质量人才培养工作放在学校工作的首位。

（二）部门联动与协调推进不匹配

毕业生实现就业是高校和社会的一次有效衔接，需要全社会和全校上下一心，统筹校内外各方资源并充分利用，提升就业工作水平。但是在高校精准就业的推进过程中还存在一些问题。

1. "大就业"工作统筹机制建设不足

就业工作的主要负责人应是学校和学院的负责人，但在实际工作中其发挥的作用较小。高校成立的各种就业工作领导小组在实际工作中出现了运行机制不畅、工作抓手不实、投入力量不足等问题，导致就业工作推行困难。

2. 全员参与就业工作的理念宣传不到位

就业工作关系到学校的高质量发展，需要动员一切力量。但是共促就业的工作理念在教师的日常工作中宣传不到位，教师主观上还存在一定的"不作为"思想，对就业工作积极主动不起来。

3. 校内外就业资源的联动实践经验不足

高校尝试通过"引进来"和"走出去"的方式拓展招聘企业范围。但是校内外就业资源联动机制不健全，导致校内外协同推进、协同合作、全员参与的创新创业工作氛围难以营造，就业工作不能形成良好的循环。

（三）就业定位与企业需求不匹配

1.学生没有形成正确的就业理念

高校学生社会经验不足，理想和现实、自身所能和市场所需之间存在无法跨越的"鸿沟"，大部分学生存在"就业一步到位""初入职场，就得到人人羡慕的岗位"的就业思想，正确的自我认知和就业观念有待形成。

2.学生对职业实践体验不够

大学期间，大部分学生以学校学习为主，对市场形势、社会需求、职业认知都处在懵懵懂懂的状态，缺乏社会经验直接影响了大学生的自我就业定位和职业追求。

3.学生学以致用的能力不足

各高校都出台了一系列促进就业工作、提升学生就业能力的指导意见、实施办法，这些强有力的政策及措施在推动高质量就业工作中确实发挥了重要作用。但是其在具体实施过程中依然存在泛化、虚化的现象，政策和措施落实不到位，导致高质量就业工作的体系建设和机制建设缺乏坚实的基础，学生的就业能力提升效果不佳。

第二节　大学生精准就业影响因素

一、大学生精准就业的影响因素

（一）政府因素

1.政策支持力度不够

一方面，政府没有充分发挥政策的优势，构建相对统一的大学生就业能力提升体系，导致目前国内对就业能力的结构没有统一的定论，无法引起高校对大学生就业能力提升问题的重视。

另一方面，由于高校的办学经费来源单一，收支很难平衡，政府对其资金投入有限，高校没有足够的资金购买教学设备，优秀师资也无法引进，实践教学不能正常进行，降低了大学生学习的兴趣和积极性。

2. 政府行为影响不足

在高校大学生就业能力提升过程中，政府的行为起着纲领性的作用，只有政府的价值导向行为、政策调控行为、监督管理行为以及指导服务行为到位，高校大学生的就业能力提升才能达到预期目标。近几年，政府积极改进其行为，取得了一定的效果，但是当前我国政府在政策调控、监督管理行为方面还存在不足之处。

（二）高校因素

1. 人才培养目标不够明确

高校的人才培养是以学习技能为根本目标，培养高素质复合应用型的人才。作为劳动力市场的供给方，高校应该密切关注劳动力市场对人才需求的变化。此外，高校还要与用人单位建立长期的联系，根据用人单位及劳动力市场对高校大学生就业能力的要求来制订人才培养方案。

就目前而言，部分高校与用人单位没有建立长期的合作关系，互相之间沟通交流较少，高校不知道用人单位需要什么样的人才，也没有根据劳动力市场的需求来明确人才培养方案，造成学生能力培养与岗位需求脱节，制约了大学生就业能力的提升。

2. 专业设置不够合理

随着社会经济的发展和新兴产业的出现，与之相对应的专业也相应增加，高校专业设置应以就业为最终目标，与市场需求相对接。然而，部分高校为了扩大招生规模，专业设置和调整不是面向就业市场，而是设置了一些教学成本低、并且好招生、见效快的专业，对专业设置没有进行市场调研和科学的论证，专业设置目的不明确，有很强的随意性和盲目性。有的高校本身不具备教学基础设施及师资力量，一味地追求"热门"专业，造成培养的学生专业知识和技能不扎实，导致用人单位对高校大学生的专业知识和技能的评估值较低。

3. 就业指导服务不够有效

当前大多高校虽然开设了就业指导课程，但还都处于探索阶段，很难有效提供就业指导服务。

一方面，就业指导模式单一，服务的范围比较窄。目前，高校提供就业指导服务的形式比较单一，没有开展实际有效的就业指导活动。教师上课仍然停留在对就业指导理论知识方面的讲解，缺乏对学生实际职业能力的测试，忽视了学生个人潜能的开发，就业指导的内容在大学生实际就业过程中很难应用到。

另一方面，缺少专业专职的就业指导教师。就业指导课是一门实操性非常强的课程，对就业指导教师的要求相对较高，而高校就业指导教师的来源比较复杂，大部分是由学校的辅导员、思政教师甚至刚毕业的大学生来进行就业指导的，这些人员没有经过专业培训，也没有取得专业的资格证书就走上了工作岗位。在指导学生就业时就业指导教师缺乏专业的理论知识和实操技能，无法为学生提供有效的就业指导服务，就业指导教师的能力和素质有待提高。有的高校就业指导教师把这份工作当做过渡性的工作，对待工作应付了事，对学生的就业指导不负责任。还有的就业指导教师上学期在从事这份工作，下学期就有可能离开。就业指导师资队伍流动性比较大，就业指导服务跟不上，造成高校大学生的面试能力、自我推销能力难以得到提升。

（三）用人单位因素

经济效益是用人单位追求的最终目标，能带来直接效益的劳动者才是用人单位真正需要的人才。目前，很多用人单位为追求经济效益，招聘时希望能招到有实践能力的高校大学生，降低培训成本。而现实是高校的大学生正是缺少这种实践能力，工作后要经过一段时间的培训或实习才能适应岗位的要求。但大部分的用人单位认为高校大学生只是把这里当成跳板，不能长期创造价值，因此不愿意为这些大学生提供实践的机会。

此外，虽然有些用人单位愿意为高校大学生提供实践的岗位，但不肯支付"岗位培训费"，甚至要求高校大学生自费参加培训，否则将失去实践或实习的机会。用人单位这些错误的做法减少了高校大学生社会实践的机会，大学生只能在校内的实训基地实践，这导致大学生的实践能力提升有限。

（四）毕业生因素

1. 缺乏正确的就业价值观

目前，高校大学生对当前的就业压力认识不足，缺乏正确的就业价值观，主要有三种表现形式。

（1）就业期望值过高

部分高校大学生存在"眼高手低"的心理，不愿从基层做起，只想去工资高、环境好的工作岗位，没有把主观愿望和社会需求结合起来，就业期望值脱离了现实。

（2）就业观念落后

高校大学生受家庭观念的影响严重，部分人不愿到小城镇、小企业工作，只想到大城市、大企业，进国家机关和国有企业，想一辈子抱着"铁饭碗"，追求安逸稳定的生活，对人才需求较大的中西部城市、私营企业、艰苦行业不感兴趣。

（3）就业功利性增强

随着市场经济的发展，经济收入成为高校大学生就业时的首要考虑因素。部分大学生在选择就业单位时最关心的是当前利益的得失，不考虑长远的利益，功利摆在眼前，责任抛在脑后，给企业留下"唯利是图"的印象。

正确的就业价值观是提升就业能力的基本保障。就业观念的扭曲使部分高校大学生就业时产生了不切实际的想法，渴求走捷径成功，而没有意识到提升就业能力是找到满意工作的主要途径。

2. 自我认知不准确

部分高校大学生不能正确地、客观地认识自己的就业能力。他们不知道自己在知识、能力方面的优势和不足，无法明确自我提升的方向，对周围环境、自身的就业前景、用人单位的人才需求情况及就业市场的情况不清楚，缺乏对事物的推理与判断，不能正确分析当前就业形势，盲目乐观，忽视了自我能力素质的提高。

3. 就业诚信度有待提高

诚信是一个人做人做事的基本原则，较高的诚信度已经成为很多用人单位招聘的标准。有些高校大学生在得到两个或两个以上的用人单位录用时，就会持观望态度，以各种理由故意推迟签约。有的高校大学生虽已签订就业协议，但中途如果碰到各方面更好的用人单位便随意毁约，不讲职业道德，缺乏就业诚信。还有些高校大学生为了能获得满意的岗位，伪造一些假的资格证书或学校的获奖证书等来取得用人单位的信任，降低了用人单位对高校大学生的认可度。就业诚信度是用人单位招聘时的一个重要的衡量标准，就业诚信度较低是部分高校大学生就业能力不足的内在表现。

（五）家庭因素

父母受传统文化的影响，在高校大学生选择工作岗位或就业方向时，大都会提出自己的意见，甚至有的父母直接会决定子女的工作岗位、工作地点及工作类别。有的高校大学生想参加"三支一扶"，但父母不同意，认为那里的生活条件太苦，怕自己的孩子吃苦受累。有的高校大学生想去北上广大城市发展，但父母希望他们能回到自己的身边工作。还有的高校大学生想去私人企业工作，但是父母希望自己的孩子考公务员，将来工作稳定。总之，家庭就业观念严重影响了高校大学生的就业心理，忽略了学生自主性选择的重要性，不利于大学生就业能力的提升。

二、大学生精准就业影响因素 SWOT 分析

由前文可知，SWOT 分析又称为态势分析，S（Strengths）指自身优势，W（Weaknesses）指内部劣势，O（Opportunities）指外部机会，T（Threats）指外部威胁。将大学生精准就业内部条件和外部环境相结合，系统分析新媒体背景下精准就业面临的优劣势，以及机会与威胁。

（一）大学生精准就业的自身优势（S）

1. 新媒体思维敏锐

现在的大学生个性鲜明、独立性强、思维活跃，能紧跟新媒体发展。再者，"大学计算机基础"作为大学生的公共基础课程，与其他群体相比，大学生的信息技术专业指导有保障，信息储备更系统，新媒体眼界更开阔，能够通过多种渠道获取就业信息。

2. 择业观多元化

新媒体时代大学生择业观多元化、个性化趋势明显。大学生遵从个性规划职业发展，看重实现自身价值。大学生职业选择多元化，敢于、善于尝试新兴职业，摄影师、自由写作者等职业受到大学生较高关注。

（二）大学生精准就业的内部劣势（W）

1. 社会实践能力不足，工作适应能力较弱

部分大学生对实习态度不端正，没能将新媒体技能应用到实践中，借助新媒体进行创新的能力欠缺，理论与实践脱节。再者，过度依赖新媒体平台的大学生，很难适应正式社会工作环境，容易出现无法及时化解压力，频繁辞职、跳槽等现象。

2. 过度依赖网络，新媒体素养有待提升

部分大学生心智不够成熟，存在对新媒体过度依赖的现象，除了学习生活必要上网之外，很容易被网络碎片化信息吸引。同时，其媒介素养有待提升，缺少对新媒体使用时间管理、网络语言规范、利用方式等方面的知识，表现为无节制打网络游戏、课上玩手机，媒体平台上语言不文明，忽视网络学习资源等。

（三）大学生精准就业的外部机会（O）

1. 知识与信息的获取多元化

新媒体在现代教学与管理中的应用，拓宽了学生知识获取渠道，微课堂、公共慕课、客户端在线研讨等新模式为大学生自主与合作学习提供了便利。大学生还可通过学校网站、院系微博、各类微信公众号等平台获取生活、就业相关信息。

2. 大数据为人岗匹配创造了条件

新媒体时代基于大数据技术的求职与招聘平台为大学生求职带来便利，大学生能根据自身条件检索招聘信息，提高了信息获取的有效性。同时，平台大数据可为招聘单位提供参考，促进招聘单位用人标准与大学生求职需求的双向对接，提升了人岗匹配率。

（四）大学生精准就业的外部威胁（T）

1. 媒体信息存在安全隐患

新媒体信息来源广、内容丰富、互动性强，迎合了大学生群体的需求。网民均可在新媒体平台表达观点、传递信息，这带来了网络文化的异质性与多元化，主流与非主流文化、精华与糟粕交织，导致大学生信息识别难度增大，网络环境固有的缺陷及网络监管不充分易导致大学生求职被骗。

2. 新时代对大学生信息处理能力要求提高

新媒体时代信息传播的开放性、即时性、多样性特征，对大学生就业信息处理能力提出更高要求，要求大学生对目标信息明晰于心，在搜集筛选就业信息过程中培养自学能力、提升辨别能力；要求大学生有前期知识储备与独立思考习惯，具备信息解读能力；要求大学生学会借力新媒体推销自己、为自己职业理想代言，具备信息准确即时传播能力。

第七章　新时期大学生精准就业的指导路径

本章分为大学生精准就业的必要性、大学生精准就业能力的提升策略、大学生精准就业指导的实践路径三部分。

第一节　大学生精准就业的必要性

一、大学生精准就业的内涵与特征

2016 年，教育部办公厅印发的《关于开展全国普通高校毕业生精准就业服务工作的通知》中首次提到精准就业，文件要求"建立健全精准推动就业服务机制，促进毕业生更加充分和更高质量就业"。精准就业就是为了解决就业过程中由信息不对称造成的就业难和招聘难的结构性矛盾，高校要在精准培养、精准施策、精准指导、精准对接上下功夫，实现求职者和目标岗位精准匹配。

新时代高校毕业生精准就业凸显出在就业工作中人才培养、部门施策、过程管理、就业指导等各个方面的特征，具体如下。

（一）倡导高质量就业成为就业新风尚

高校毕业生是就业主力军，破解当前高校毕业生"就业难"问题，亟须多措并举、多方发力，助推高校毕业生高质量就业。

一方面，高校要借助"大数据＋就业"，搭建线上就业指导平台。通过毕业生就业信息采集，实现个性化就业指导。根据就业意向和用人单位人才需求，建立精准推送、精准对接的信息平台。探索毕业生就业网格化管理模式，以学院、专业、班级、教师、学生联络员为基本单位，精准开展就业服务与指导。

另一方面，高校毕业生要多渠道关注各类就业信息与最新政策，顺应时代需求，投身国家建设。高校毕业生要提前做好就业准备，提高社会适应能力，培养良好的心理素质和职业精神；把知识学精学深，并积极参与志愿服务等实践锻炼，提高知、情、意、行相融合的综合素养；加强新兴产业、先进制造业、现代服务业等领域新职业技能培训，养成终身学习、持续学习的习惯，实现高质量就业。

（二）线上线下结合成为就业新常态

为了严格执行疫情防控要求，大型招聘会和聚集型的招聘会都从线下转为线上线下同步进行。

一方面，网络的普及和快速发展使教育部、各地方政府、各高校都可以通过网络"云求职"继续推进就业工作，如"2020 届高校毕业生全国网络联合招聘——24365 校园招聘服务"活动、就业"一对一"指导、就业面试、网上签约等都通过网络进行。

另一方面，科技的创新进步使得网上就业、云端指导变得越来越便捷。腾讯会议等会议软件拥有较好的多人视频功能且各有特色，同时具有实时同步多人招聘的强大优势，正所谓"一机在手，应有尽有"，打破了传统的就业招聘模式。许多地方政府、企业、学校更愿意通过网络开展招聘推介和招聘工作，省时省力还省钱。新冠肺炎疫情防控期间线上线下就业招聘模式发挥着重要作用，成为就业工作的新常态。

（三）以学生为中心成为评价就业新标杆

新冠肺炎疫情防控是检验高校对就业工作重视程度的重要指标之一。应对毕业生就业工作，一方面，各高校在第一时间就成立了应对疫情影响的就业工作领导小组，践行"爱与服务"的教育理念，全力恢复就业招聘市场，努力提高网络招聘会的频次，不断强化对学生就业信念的教育，鼓励毕业生提升自我素养。另一方面，高校也在不断加强与重要行业的联系对接，努力发展网络专场招聘会、"企业开放日""就业大篷车"等项目，把企业"引进来"，让学生"走出去"。疫情防控是一块"试金石"，凸显了就业工作的薄弱环节，但是"爱与服务"的工作理念也更加深入师生心中，成为检验就业工作优秀与否的新标杆。

（四）构建精准就业共同体成为政校企生各方新共识

经济全球化、社会信息化大大提高了人类之间的相互依存度，高校就业工作不单是高校的行为，而是需要全社会关注的民生问题。一方面，政府、学校、企业有稳定就业和人才招聘的需求，需要多措并举推动高校毕业生稳定就业，保证社会稳定，实现毕业生"人尽其才"。另一方面，学生不再被动地等待招聘，而是需要及时关注政府、学校、企业安排的招聘会、宣讲会等，只有主动作为才能尽快实现就业。只有政府、学校、企业、学生各方形成就业工作的合力，才能实现精准就业。可以说，构建精准就业共同体是政校企生各方新共识，也是就业发展的新趋势。

二、大学生精准就业的必要性分析

（一）有助于逆向促推高校人才培养模式创新

新时期的大学生精准就业，对高校就业指导乃至人才培养提出了更高要求。高校可凭借新媒体平台构建就业信息反馈机制，利用新媒体传播的互动与及时性，获取学生就业反馈信息，调整就业指导方案，提升指导精准性。高校还可根据应届毕业生就业反馈信息，加强新生心理测评，根据测评结果及时进行精准就业教育培养，避免就业指导滞后，实现人才培养模式的优化创新。

（二）有助于保障日益细分化、专业化的市场人才供给

新媒体传播加速了人才市场细分化、人才需求专业化发展趋势。同时伴随计划经济下高校毕业生"统一分配"模式到现在的"自主择业，双向选择"模式的转变，市场在人才培养、配置及输送中发挥着日益明显的基础性作用。社会经济发展对人才市场专门化、专业化需求凸显，在高校毕业生数量逐年扩增的形势下，网络新媒体下的大学生精准就业是满足市场人才需求的重要举措。

（三）有助于提升大学生求职与用人单位招聘效率

新媒体平台的发展打破了传统媒体信息传播的单向性，拉近了大学生、高校及用人单位之间的距离，信息交互性得到提升。用人单位可通过新媒体平台就人才供需加强与高校之间的交流，便捷快速发布岗位需求信息，高校对岗位信息进行审核并向大学生推送，大学生能在第一时间获取招聘信息，并通过新媒体平台选择就业岗位。基于新媒体平台的精准就业，便捷了大学生、高校与用人单位之间的互动交流，提升了信息化、网络化求职与招聘效率。

第二节　大学生精准就业能力的提升策略

一、大学生精准就业能力的提升路径

（一）政府层面

1. 完善相关法律法规

首先，法律法规的制定是对新就业形态从业者进行法律上的保护，既是他们合理享受权威的法定权利的重要工具，也是他们受到不合理的侵犯时能对自己进行维权的有力武器。在新就业形态的发展下，我国正处在转型的关键阶段，很多劳动关系也发生了改变，经历了不同程度的重组，因此政府应健全新就业形态下的用工政策，积极解决非正规就业的非正规化问题，推动其首先在法律上获得正规化的认同，提供权威的法律法规环境，对新就业形态的劳动关系进行法律定义，保障新就业者在劳动力市场中的地位，保证从业者能够在公平的新就业环境中享受自主选择的权利，确保其能通过合法的渠道解决劳动争议。

其次，社会保障制度也是保护劳动者权益的重要手段，因此要将新就业者纳入社会保障的范围。比如，对失业保险制度进行完善，当前我国失业保险涵盖的范围仍然不够大，全面实行起来并不容易，新就业形态的就业由于区别于正规标准就业，就业缺乏稳定性，部分人没有机会享受这份保障，医疗、工伤等各类社会保障也难以获得，这些都迫切需要政府健全社会保障机制，确保新就业者能够获得正规的保障。

最后，完善的体制机制当然需要各方的贯彻落实，因此政府有关部门在新就业形态从业者的法律保护方面，要高度重视，扩大政府有关部门的服务范围，提高服务层次，加大服务力度，杜绝一些部门和人员的不作为现象，正确使用好政府的引导和监督管理功能，将法律和政策体现到具体行动上来，将对新就业者的保护和支持落到细节，并形成长效机制。

2. 建立就业能力基本框架

为提升大学生就业能力，解决大学生就业形势严峻的问题，政府建立大学生就业能力的基本框架是十分必要的。目前，美国、英国等发达国家都已经建立了就业能力的基本框架。政府应从我国就业市场的人才需求入手，进行广泛的实地调研，积极收集整合各方数据资源并借鉴国外的经验，建立符合我国大学生实际情况的就业能力基本框架。高校依据这个框架，结合学校实际情况制

订科学的大学生就业能力培养方案。同时，高校大学生在提升就业能力时也可以依据能力基本框架的各项指标进行评估，从而使大学生能够充分地认识到自身应提高哪些方面的就业能力。

3. 加强对政策执行的监督

现阶段，我国政府虽然在促进高校大学生就业及提升就业能力方面制定了一系列的政策，但大学生对国家政策的认知存在断档，使得政策在执行过程中的力度有所折扣，国家出台的相关政策没能发挥它应用的优势。政府应加强对就业政策实施过程的监管，使政策能够顺利执行，利用政策优势激发大学生的内在潜能，真正达到提升高校大学生就业能力的目的。

4. 加大资金投入和政策支持

在资金方面，政府将大部分的资金和政策支持都给了重点高校，而忽略了对其他高校的投入和支持。这些高校的办学经费绝大部分来自学生的学费，没有其他外来资金注入，在建设校内实训实践场地及购买实训实践设备方面资金投入不足，无法满足学生实训实践的需要。政府部门要在政策、资金、技术等方面加强对高校引导扶持，增强高校的硬件实力。

5. 完善大学生就业市场体系

事实表明，国家经济发展战略的变动，会带来经济增长模式的改变，也会导致不同的经济发展结果，就业状况也会有极大的不同。因此新就业市场的灵活多变，更需要政府时刻关注高校毕业生的就业现状，帮助扫除就业市场上的"污染"，努力为高校毕业生创造优质的新就业市场，完善新就业市场体系。

首先，政府要继续将宏观调控的职能落在实处，把人民的利益放在最重要的位置，努力解决新就业形态下高校毕业生的就业难题，健全和完善就业机制和政策，加强对就业政策的扶持和监管，不断调整和完善新就业形态，支持大学生创业就业。

其次，相对于传统的正规就业，新就业形态无论是从法律还是劳动关系、服务模式上都出现了很大的变化，这些对于高校毕业生来说都是极大的挑战，因此就业市场体系的健全和完善不仅局限于劳动部门，它其实需要工会、财务、公安、就业等部门联合行动，一起规划与新就业形态发展相符合的大学生就业市场体系，统筹建立新就业形态的创业就业服务与反馈机制，时刻关注和追踪高校毕业生的就业状况，及时进行反馈和总结，并能够继续对他们适当地进行创业指引，帮助他们对创业的信息、变化、发展前景等形成更清晰的认知，增强高校毕业生的职业发展水平，这也是新就业形态下高校毕业生就业能力提升的重要内容。

再次，政府应加强对"双创"教育的政策宣传和支持，继续推动高等教育改革，鼓励高校和新就业市场进行沟通，构建与新就业市场的合作板块，共同培养出更高质量、更高素质、能力更强的大学生。

最后，新就业形态更需要创新创业型人才，这就对大学生的实习和实践经验提出了更高的要求，因此完善就业服务体系，还需要健全大学生的实习制度，从制度支持上为新就业形态下的大学生创造更多的就业机会和保障，提前让高校毕业生对新就业市场有亲身的体验和感受，逐渐增加他们的就业能力和新就业形态的匹配度，从而实现新就业形态下人力资源的最优配置。

（二）高校层面

1.培养大学生良好的心理素质

（1）加强大学生心理辅导和咨询工作

心理素质是大学生就业能力提升的内在因素，心理素质的好与坏将直接影响个人求职的成功率。

首先，要加强心理咨询师资队伍建设，高校的心理咨询教师大都由就业指导教师担任，没有专业的指导教师，不能真正地解决大学生的心理问题。因此，高校要聘请专业、有经验的心理咨询指导教师，根据学生实际的心理问题，制订有效的解决办法。

其次，高校应成立心理咨询的专门机构，加强学生的心理辅导和咨询，在学生就业遇到困难时，应积极地给予适当的疏导，不要让学生在心理上有过多的压力，帮助学生树立战胜困难的信心，提高学生的心理承受能力。

最后，高校要开设心理教育课程，通过课堂的学习使学生掌握一定的心理学方面的知识，让学生能调节自身的心理问题。除此之外，学校还要定期邀请心理咨询专家到校作指导，传授学生调节心理问题的基本方法，解决学生在就业过程中出现的各种心理问题，让学生以积极向上的心态面对挑战。

（2）营造良好的校园文化氛围

培养大学生良好的心理素质离不开校园文化建设，校园文化对大学生的个人成长和发展有着非常重要的意义。校园是大学生上学期间生活学习的地方，当在生活上或学习上遇到困难时，良好的校园文化环境可以调节大学生的失落情绪。健康的校园文化氛围，可以使大学生的心理有意或无意地得到熏陶，心情舒畅，让大学生能够忘掉烦恼及忧愁，全身心地投入学习中去。高校相关部门应当通过大学生社团积极组织校园文化活动，充分丰富大学生的文化生活，鼓励大学生利用课余时间参加校园活动，通过和同学之间的交流来缓解自身的心理压力，为大学生创造奋进、和谐、健康、积极的校园环境。

2. 强化大学生通用能力的培养

（1）加强大学生学习能力的培养

学习能力是高校大学生提升其就业能力的基础。一方面，高校要对授课教师提出要求，要求教师在教学内容上要有所创新，不能只注重讲授本专业的理论知识，还应该穿插其他学科的理论知识，拓宽专业知识面。当今社会发展迅速，新的学科知识不断出现，高校要重视知识的更新，密切关注新学科发展的动向，将这些新知识、新理念带到课堂上，激发大学生学习的兴趣。另一方面，教师应该摒弃传统的教学方法，采用多元化的教学方法。例如，教师可以通过采用将学生分组讨论法、案例法、学生讲课等多种教学方法相结合的方式来挖掘大学生的内在潜质，充分调动大学生学习的积极主动性。

（2）注重大学生实践能力的提升

实践能力是大学生通用能力的核心，大学生参加社会实践是提高其实践能力的关键环节。高校要提高大学生的社会实践能力，首先要加强与政府、用人单位通力作协。

一方面，高校可以通过政府牵头，利用政府平台与当地的一些高科技公司、技术含量比较高的企业建立长期合作的关系。此外，还要联系长三角、珠三角等发达地区的知名企业，在企业建立相应的校外实习实践基地，这样高校大学生就有了稳定的实习实践基地，既提高了大学生的社会实践能力又解决了企业的用工问题。

另一方面，高校还可以吸引优质的企业将生产线搬到学校，大力推进产教融合的人才培养模式。用人单位和学校共同制订教学计划，共同配置教学资源，共同实施教学过程，共同搭建校内实习实践基地，不断深化校企合作人才培养模式，实现学校和企业双赢。大学生不仅可以在学校进行专业学习和技能培训，还可以参加实习实践，使学习与工作有机结合，强有力地提升了大学生的实践能力。其次，加强课堂实践教学环节，在课堂上采取以"案例式教学""情景式教学"为主的实践教学方法，建立完善的学生参与教学的体系，使学生从被动地接受知识转变为主动地接受知识。最后，鼓励学生参加社团的各项活动，参加社团活动也是提升大学生实践能力的一种有效途径。社团活动是丰富多彩的，经常性地举行一些活动，比如勤工俭学、户外拓展、社会调查等活动，这些活动都需要大学生实地去操作，无形中提升了大学生的实践能力。

（3）加强大学生创新能力的培育

在就业形势严峻的情况下，高校还应加强对大学生创新创业能力的培养。

首先，创新创业能力的培养离不开专业的、高素质的指导师资队伍，高校必须重视选拔与招聘创新创业指导的优秀师资，同时还要加强对本校创新创业指导教师的专业培训，定期选派或鼓励创新创业指导教师到创新创业基地或孵化基地兼职，直接参与创新创业实践活动。高校还可以聘请企业家、技术创新专家等到学校兼职，建立一支数量充足、水平较高的专兼相结合的创新创业师资队伍，这样才能更好地培养高校大学生的创新创业能力。

其次，高校应开设创新创业课程，在专业教育中渗透创新创业教育，让学生初步地了解创新创业的理论知识。然后利用学校的广播、网站、板报等宣传工具进行创新创业宣传，使创新创业意识深入人心。

最后，高校还应定期举办一些创新创业大赛或创新创业实践活动，把创新创业教育和具体的创新创业实践相结合，通过这些活动来培养大学生的创新创业精神和意识，达到增强大学生创新创业能力的目的。

（4）强化大学生应聘能力的训练

高校提升大学生的应聘能力，应从以下几方面着重加强。

首先，要完善就业指导服务体系。一方面，高校要建立一支就业指导经验丰富、并具有心理学、教育学、法学等相关学科知识的高水平、高素质的就业指导教师，为提升学生的应聘能力提供有力的保障。学校还应邀请一些人力资源管理专家、企业家或礼仪方面的专家作为兼职就业指导教师，丰富就业指导的内容，这样可以让大学生提前了解最新的国家就业政策及就业市场的需求，大学生可以根据就业市场的需求自觉提升个人的就业能力。另一方面，高校要加强就业指导课程建设。课堂教学不仅对学生怎样撰写简历、面试技巧等内容进行指导，而且还要对学生的就业价值观、自我认知进行全方位的教育和指导。此外，学校就业指导的方式可多元化，包括课堂讨论法、典型案例法、视频教学法等多样化的教学方式。除以上的教学方式外，还要开辟第二课堂，组织大学生直接去企业体验现场招聘的氛围，也可以利用学校社团组织模拟招聘活动，大学生通过在真实情景中的实践体验，既可以发挥主观能动性又可以提升自身的应聘技巧。

其次，要指导大学生树立正确的应聘态度。一方面，指导大学生求职前应对企业的招聘岗位、岗位要求、工资福利等基本情况有一个大致的了解；指导大学生通过浏览有关的网页，对企业文化、企业发展的动态等做到心中有数；指导大学生要对自己有一个准确的认知，不要盲目地去面试，如自己的性格特点、专业是否符合岗位的要求，只有将这些情况了解清楚了，才能在应聘时做到从容应对。另一方面，指导大学生做好自己的求职简历，求职简历是敲门砖，大学生在制作求职简历时，要有认真负责的态度，真实地撰写求职简历，突出自身的特色，不能敷衍了事，给用人单位一个良好的第一印象；指导学生在应聘时要虚心，充分展示自己的特长，让企业尽可能多地了解自己，但是不能夸夸其谈、目空一切，在展示自己的特长时要把握好分寸，不要让用人单位对自己产生一种不踏实、浮夸、自大的印象。

最后，要重视面试技巧的培训。面试的好与坏直接决定了大学生是否求职成功，是应聘过程中最重要的环节。一方面，面试着装、仪容仪表的培训，着装要符合一个大学生的身份，不要太过花哨，仪容仪表既不要过于正规、刻板，也不要过于轻浮、浓妆艳抹，给对方留下一种整洁、大方、美观、稳重的印象。另一方面，面试交谈的培训，面试中谈话的内容可能很多，说话时要谨慎而不拘束，不能随意打断面试官的问话，回答面试官问题时要紧扣问话主题，突出重点，千万不能冲淡主题，答非所问。面试时还可以适当使用肢体语言，以增加表达效果。大学生要积极参加学校组织的应聘技能训练，学习更多应聘方面的知识，这样在求职过程中才能从容地面对各种面试。

3. 加强大学生专业能力的培训

（1）加大大学生专业技能的培训力度

专业技能人才是当下用人单位和就业市场急需的人才，特别是珠三角、长三角地区对专业技能人才的需求更大。党的十九大提出，要改善中高级技能人才的发展环境，加大职业技能的培训，培养一批素质优良的中高级技能人才队伍。专业技能是高校培养人才的特色，是大学生自我优势的体现，也是大学生必不可少的就业能力。因此，高校要加强对大学生专业技能的培训。

首先，高校应聘请一批具有技能特长、有实践经验的培训教师，能够独立地带领大学生进行专业技能的培训。经验表明，长期从事大学生职业技能培训的教师，培训的学生在专业技能方面进步很明显，在进入职场后能够从容、出色地完成岗位赋予的各项任务。高校还要不定期地邀请企业有经验的中高级技能人才来学校做指导，让大学生更清楚了解自身所需的专业技能。

其次，专业技能培训需要有专业的配套设施，比如数控技术的培训、会计资格证的培训、计算机等级的培训等这些都需要专业的配套设施，而这些设施价格较高，高校要加大资金的投入，完善专业技能培训设施。

最后，高校还应成立专门负责资格证书培训和考试的部门，鼓励大学生积极地考取与自身专业有关的技能证书，增加大学生在择业过程中的竞争砝码。

（2）强化大学生专业知识的学习和拓展

首先，高校要引导大学生在课堂认真听讲，遇到问题要提问，积极地和老师沟通，养成课后要复习，课前要预习的良好学习习惯，树立正确的学习态度，建立融洽的师生关系。其次，高校还要定期安排与专业知识相关的讲座、培训及比赛，强化学生的专业知识。最后，高校在安排专业课程时，不能仅安排本专业的课程，还要适当地安排其他专业的一些课程，比如管理类的专业可以安排法学、教育学等课程，让学生涉猎更为广泛的知识领域，理解各学科领域之间的关系，拓宽学生的专业知识面。

4.优化毕业生精准就业服务

高校毕业生精准就业服务是一项科学的系统性工程，纵向需要高校、学院、辅导员、班级、学生本人互相配合层层推进，横向需要结合当前新形势下行业的发展、精准掌握相关信息、精准匹配毕业生的需求与岗位要求、精准分类指导、精准疏导压力、精准就业反馈几个方面，真正做到"横向到边、纵向到底"的毕业生精准就业服务。

（1）形势把握要精准

在新形势下，高校毕业生面对严峻的就业形势和压力，就业市场的任何细微变化都会影响高校毕业生的就业选择。

一是从学校的角度，学校领导要精准把握当前的形势，做好毕业生就业工作的顶层设计，同时协调好各部门、各单位，压实责任，确定好工作预案和工作目标，合理安排线下的企业宣讲会、招聘会，为毕业生的求职就业提供靶向服务。

二是从学院的角度，学院领导要高度重视毕业生就业工作，为毕业生就业制定相应的激励政策，同时严格落实学院就业工作"一把手工程"，充分挖掘专业教师、校友等有效资源，科学准确研判当前专业的就业形势，并有针对性地提供专业指导，如邀请校友、业内专家开展就业讲座、职场培训等，打好"组合拳"，形成就业服务合力。

三是从辅导员的角度，辅导员作为大学生成长成才的人生导师和健康生活的知心朋友，对于当前就业形势的把握至关重要，只有辅导员对政策把握准确，才能给予学生最有力的指导和帮助。

近年来，国家增加了许多政策性岗位和专项岗位的招聘数量，如西部计划、农村特岗教师专项计划、三支一扶、大学生应征入伍等，为毕业生提供了大量的就业机会。辅导员可以根据形势和政策的变化，有针对性地动员学生报名，从而实现毕业生精准就业。

（2）信息掌握要精准

高校毕业生就业工作是一项复杂的系统性工程，做好这项工作的前提是要精准掌握相关信息，如毕业生的就业意向信息、企业岗位需求信息等。高校要构建班级—学院—学校三级数据收集机制，在信息掌握精准的同时，还要突出一个"早"字，一般在大三的下学期，就要开始着手摸排学生的就业意向，如求职目标、目标城市、目标薪资、目标岗位等，建立健全毕业生"求职画像系统"。高校可以有效利用微信小程序等技术手段，使毕业生通过手机就能准确填报，这样既方便快捷，减少了人员接触，又能精准掌握毕业生的有效信息。此外，高校还要精准掌握相关企业的岗位需求信息，也可以利用微信小程序上传企业岗位信息，建立企业"招聘画像系统"。

（3）人岗匹配要精准

在毕业生求职过程中，面对就业市场大量的企业招聘，高校及其二级学院，可以有效利用大数据和互联网平台，建立起就业信息匹配平台，使毕业生信息库和企业招聘信息库实现实时更新和精准匹配。在这样的平台支撑下，毕业生求职和企业招聘都能通过互联网平台实现，在一定程度上避免了毕业生在其他求职网站投递简历所产生的风险，而且人岗匹配度会更加精准，毕业生求职成功率和就业质量也会大大提高。

（4）就业指导要精准

高校就业指导中的"精准"是劳动经济学领域"入职匹配理论"内涵的进一步延伸，既要在就业指导中进行精细分类、精准推送和精确指导，又要力求就业结果的准确匹配和精密反馈，是一种兼顾就业过程和就业结果的理念。从目前来看，针对毕业生的就业指导是各高校重点开展的工作，但是大部分是"大水漫灌"式的表面指导，就业指导相关课程也成了学生口中的"水课"，真正起到的效果有待进一步考量。在当前新形势下，高校、学院、辅导员应改变以往就业指导的工作思路和方法，变"大水漫灌"为"精准滴灌"，为毕业生提供"点对点"的就业指导服务。

精准就业指导服务需要采用"点面结合"的方式，一是根据学生不同意向进行分类，并针对不同类型意向的同学分批次进行指导，同时，再针对同一类型意向学生的特点、类型、需求进行细化，为不同学生量身打造一套求职方案。

二是在分类指导的过程中要针对心理问题学生、家庭经济困难学生等群体开展重点帮扶。三是要对部分毕业生的就业观念进行精准引导，如通过一对一谈心谈话、企业走访、团体辅导、职业兴趣测试等方式，进行精准引导，树立起对所学专业和行业的信心，鼓励其在本专业领域内大展拳脚。

（5）压力疏导要精准

毕业生数量逐年增加、就业市场供需不平衡等问题的产生，给毕业生造成了严重的就业压力，甚至部分毕业生出现了"读书无用论"等消极情绪。

高校要构建宿舍长—班级心理委员—学院辅导员—学校心理健康教育中心四级网格体系，精准疏导压力。

一是要加强宿舍长、班级心理委员的心理知识培训。宿舍作为学生在学校的"家"，当有的同学压力比较大时，宿舍长和班级心理委员要及时发现并进行简单的处理，同时要和学院辅导员进行汇报。

二是学院辅导员在新形势下要重点关注毕业生的心理健康问题，避免因毕业生求职压力过大，从而出现心理危机事件。学院辅导员可以有效利用互联网、依托学院官方微信平台形成正确的舆论导向，为毕业生营造积极向上的氛围，减轻毕业生的求职压力。当有个别毕业生心理压力过大时，要及时给予干预并进行科学的心理辅导，对其遇到的困难及时解惑，点对点进行就业指导和帮扶，精准疏导求职和就业过程中产生的压力。

三是学校心理健康教育中心要加强顶层设计，对学院辅导员、班级心理委员进行科学的培训和指导，通过科学的方法来引导毕业生把不良情绪排解出来，从而以积极的心态来面对挑战。

（6）就业反馈要精准

精准就业反馈就是政府、高校、用人单位和学生在就业各个环节通过就业平台畅通反馈、评价和调整机制，形成多次反馈、纵向追踪的精准就业指导闭环体系，有利于促进高校人才培养与市场需求接轨，能够有效打通就业指导的"最后一公里"。

一是要建立就业反馈机制，学院在企业招聘时对毕业生进行客观、公正的评价，为企业招聘提供部分参考意见。同时，高校针对企业反馈的相关意见及时调整培养方案、优化人才培养模式，企业和高校互相促进。

二是要运用互联网、大数据等新媒体技术和网络信息平台，实现毕业生就业信息的有效反馈。通过就业平台的研发，企业、高校、学院及毕业生本人可以为低年级学生提供相关意见。例如，企业可以在平台反馈市场需求的变化，在不同的市场环境下，企业能够把最新的市场需求反馈给培养单位。学生个人可以通过平台传递求职经验，为低年级学生求职就业提供参考。这样通过平台可以构建长效、高效、精准的反馈渠道，形成良性循环。

新形势下，无论是就业市场、企业还是高校，在毕业生就业指导方面都面临严峻的挑战，但同时也有新的机遇出现。高校就业指导者应该有变"危"为"机"的能力与意识，要敢于直面挑战，充分发挥自身的优势和资源，为毕业生提供精准就业服务，从而实现毕业生的充分且高质量就业。

5. 构建专业的就业指导师资队伍

（1）构建专业的就业指导师资队伍

就业指导师资力量决定着学生就业能力提升的效果，因此学院需要构建一支有企业导师参与教学的专业就业指导团队。就业政策、毕业手续办理、劳动保障等方面的课程由学院教师负责讲解；制作求职简历、模拟面试大赛、制作简历大赛、职场经验等方面的课程由企业导师负责讲解，学生可以通过和企业导师对接，了解企业招聘岗位知识、技能需求，调整自己的学习方向。企业导师的参与使得学生能够准确地定位自己，了解自己未来所从事岗位需要具备的知识和技能，还能够提前体验职场。

（2）扩大实习单位规模和数量

实习单位规模越大，数量越多，学生的投递简历和面试次数越多，面试官的水平越高，对学生在真实求职环境中的指导就越有效果，最终越能提升学生获取满意职位的能力。学院需巩固校园招聘主渠道，过滤掉金融、房产中介、人力资源公司等这种销售类企业，安排企业专场招聘会，或利用寒暑假期间走访新的用人单位，争取与行业领先企业签订现代学徒制的培养模式。

（3）提升大学生就业信息获取能力

校园招聘只是获取就业信息的途径之一，大学生毕业后最主要的获取就业信息的途径就是参加网络招聘和人才市场招聘。学院需要引导大学生去主流招聘网站和人才市场获取招聘信息，锻炼大学生的求职信息收集、整理、分析能力。

（4）鼓励大学生到基层就业

学院要积极引导大学生避开就业竞争激烈地区，树立正确的就业观，到国家最需要的基层去就业。基层就业包括志愿服务西部、三支一扶、特岗教师、大学生村官等项目。学院需要采取有效途径宣传基层就业政策，可以利用班会、宣传栏、讲座等形式进行宣传。

6. 依托"互联网＋就业"服务推动学生精准就业

在对高校人才培养工作进行全面改革的过程中，基于"互联网＋就业"服务的影响，要想促进精准就业工作的深入推进，就要结合互联网＋信息技术的支持，探索就业服务机制的构建，为精准就业的组织实施奠定坚实的基础，切实增强高校教育教学工作的综合效果。下面将结合高校的实际情况对学生精准就业服务体系的构建进行系统的分析。

（1）转变思想观念，做好顶层设计

在"互联网＋就业"服务改革的过程中，高校要想保障就业服务工作的开展，体现高校的特色，能真正为精准就业服务工作的开展提供高质量的服务，就要在就业服务体系建设过程中，对传统的就业服务指导观念进行调整和优化，有意识地做好顶层设计，按照高校人才培养工作的现实需求对就业服务规划进行全面创新，确保就业服务工作的开展能为大学生实现精准就业的目标做出积极的引导。

例如，结合高校人力资源师精准就业服务工作的现实需求，在开展就业服务工作的过程中，应该对人力资源师进入人才市场的情况进行准确分析，对影响人力资源师就业的相关主体进行明确，对用人单位、高校人力资源师毕业生、人社部门、教育部门等，按照不同单位的实际情况进行分析，在整合多重影响因素的基础上对顶层设计进行规划，搭建就业信息化服务平台，确保能对互联网平台上的就业资源进行整合，促进资源的多元化共享，为精准就业服务工作的开展奠定基础，切实提升精准就业服务工作的综合发展效能。

（2）落实数据牵引，推进精准指导

大数据技术的应用能促进服务体系的重新构建和服务模式的全面创新，为了在"互联网＋"时代背景下体现精准就业服务工作的需求，学校在实际对就业服务工作进行开发和创新的过程中，需要系统探索大数据技术的应用，借助数据挖掘技术、数据分析技术、数据存储技术等对市场人才需求变化和行业发展等进行系统分析，结合数据分析结果对人才需求情况做出客观准确的判断，从而在对人才需求实施精准定位的基础上有意识地做好顶层设计，使学校就业服务工作的开展与市场人才需求变化高度契合，实现精准施策的目标。

首先，在大数据技术的支撑下，设置"一人一卡"的工作模式，构建大学生职业生涯规划系统，对每个大学生的学习情况、实践情况、参与技能大赛的情况进行动态跟踪，为大学生设立职业生涯发展规划档案，动态化地掌握大学生信息的变化。

其次，在大数据技术的支持下，制定"一生一策"工作模式，全面开发点对点帮扶工作体系，学校要及时跟进职业生涯规划档案，对学生实施针对性、个性化的指导，促进相关就业指导信息的共享，在"一对一滴灌式"精准就业指导的作用下，使大学生群体就业指导水平不断提升。

例如，在"互联网＋"时代背景下高校可以积极探索大数据技术的有效应用，对当前网络平台上关于学校学生就业涉及的相关大数据信息进行整合分析，并采用具体的云计算模式对大数据资源进行合理规划，确保能从资源解析和计算中提炼出有价值的信息，采用相应的数据模型对高校人力资源相关专业人才培养需求进行准确定位，从而在系统分析和精准定位的基础上制订合理的就业指导服务方案，促进新技术的应用和新服务体系的构建，凸显就业指导服务的信息化水平，增强"互联网＋"时代背景下高校人才培养工作的综合效果。

（3）创新服务模式，完善服务机制

高校在开展就业服务工作的过程中，为了在"互联网＋"时代背景下逐步实现精准就业的目标，较为重要的一点就是要探索并完善就业服务体系的构建，通过发挥政府的主导作用，引导社会主体积极参与，有意识地探索多元化的就业服务网络体系的构建，从而有效突出高校的主体地位，对人才就业服务体系的建设进行创新，确保突出高校人才培养工作的优势，为学生群体实现精准就业的目标奠定基础。在此过程中，高校可以尝试搭建信息化、系统化的就业服务平台。高校在开展就业服务工作的过程中，可以有意识地结合本校学生的就业发展情况，开展深度调研和合理规划工作，构建完善的就业服务系统，在对就业需求信息进行整合的基础上，提升就业服务的精准度和科学性，确保在就业服务工作中能对学生做出积极的引导，切实提升就业服务工作的整体发展成效，为人才培养工作的开展创造条件。

例如，高校可以重点对"云招聘"服务平台进行设计和开发，按照大学生的就业需求，在"云招聘"服务平台上为大学生提供有效的就业信息，使大学生能在"云招聘"服务平台上发布个人信息，向企业投递简历，使就业服务向"线上"转型发展，在"云上服务"的支撑下，凸显就业服务的综合效果，增强服务的个性化优势，提高精准服务水平。同时，在对服务模式进行创新的过程中，高校还可以发挥信息技术的优势，构建"互联网＋招聘＋就业"的综合服务体系，开发云就业服务模式，提高服务的便利性和有效性，在精准服务的基础上体现服务效果。

（4）开发多元服务，创新个性服务

精准服务工作的开展需要服务创新的支持，高校在开展人才培养工作的过程中，只有认识到多元化服务体系建设的重要性，不断对服务模式进行创新，开发更加全面的就业服务功能，确保在就业服务工作中能及时对就业服务信息进行有效的传递，才能构建更加科学、系统的服务模式。

首先，在探索开发多元化就业服务模式的过程中，政府职能部门、用人单位和学校要注意结合信息技术的支持，构建多元联合的服务体系，为学生提供多元化的平台系统，方便高校毕业生对就业信息进行整合，并为毕业生提供相应的就业指导建议。

其次，在探索个性化服务体系建设方面，需要重点对学生的服务需求进行研究，根据学生关注的信息，对就业服务信息进行筛选，并借助人工智能技术和大数据技术的融合应用，为学生匹配所需就业服务信息，提高就业服务工作的针对性，形成精准化服务体系，从而增强就业服务的综合效果，使学生的就业成功率得到进一步提升，切实展现高校就业服务工作的整体价值，推动精准服务向科学化和系统化发展。

例如，高校可以对智慧就业服务平台进行开发，依托人工智能技术、大数据技术、区块链技术的优势，构建智能化就业服务网点，为大学生提供智能化、便捷化和个性化的智能就业服务。

（5）做好跟踪反馈，促进教育改革

高校在开展学生就业服务工作的过程中，不仅要在前期工作中结合就业需求信息进行全面整合分析，制订精准就业服务工作方案，突出就业服务工作的有效性和科学性，同时在实际开展就业服务工作的过程中，还要注意探索跟踪反馈工作的开展，掌握互联网技术支持的影响，对毕业生就业跟踪反馈机制进行建设和完善，通过跟踪调查对就业信息情况进行全方位分析，然后结合大数据技术的应用对信息化人才培养工作、教育教学工作等进行反馈，使就业服务工作的开展能促进学校人才供给侧精准改革。在实际工作中，可以基于跟踪反馈机制，构建"互联网+"订单式人才培养模式，使高校可以结合企业发展需求量身定制人才培养方案，通过云端数据共享促进学生学习课程知识和参与实践技能训练，由企业提供人才岗位胜任力方面的评估。值得一提的是，促进跟踪反馈工作机制的构建，还能完善就业统计信息预警系统和精准帮扶系统，使高校能结合专业课程设置的动态变化情况，对学校就业服务工作的开展进行系统优化，形成预警模式，从而优化大学生就业能力培养体系的建设，使企业招生、学校人才培养和校企合作就业指导形成全新的发展模式。

（6）完善工作机制，落实精准发力

高校就业服务工作的开展需要多部门的支持，只有把握"互联网+"时代的影响，促进多部门协同开展就业服务工作，才能实现对就业服务工作的有效创新，使高校就业服务工作的开展能够真正帮助学生实现精准就业的目标。在实际工作中，要主动探究"互联网＋就业"工作模式，为高校的毕业生提供良好就业环境的支撑和政策的支持，发挥政府在精准就业服务方面的中介作用和协调作用，促进"互联网＋"就业服务的开展，提升就业服务工作发展成效。

同时，要发挥社会机构、企业与学校之间的协同作用，共同针对精准就业服务工作的开展进行分析，使学校之间的就业信息能实现多元共享，形成学校人才培养、就业服务与就业市场供需的衔接机制，构建联合学校、家庭、企业的学生就业联动工作机制，在精准发力的基础上营造良好的就业服务工作氛围，逐步促进就业服务工作实现全面创新的目标，显著提升就业服务工作的现代化建设、精准化建设发展成效。

（三）用人单位层面

1. 加强人才培养挖掘意识

一方面，用人单位要加强与高校的交流，让学校及时了解本单位所需要的人才标准。与此同时，高校可根据这些要求，将用人单位需要的就业能力嵌入课程设置中，增强大学生就业能力培养的针对性。

另一方面，用人单位要加强与学生的交流和沟通，为大学生提供更多的实习实践岗位，为大学生实践活动创造良好的条件。通过实习实践，大学生不仅获得了专业实践的机会，同时也开阔了视野。用人单位可以通过实习的过程对大学生进行考察，从中挑选优秀的人才，既节省了时间，又降低了培训的成本，真正达到用人单位和学生双赢的目的。

2. 摒弃"就业歧视"的观念

用人单位自身要增强法律意识和思想觉悟，摒弃错误的思想和观念，不再以名校或高学历设置门槛，不再过于注重一切都是有经验者优先，应届毕业生不要的做法，要加强社会责任意识，提供更多的就业岗位，为大学生提供一个公平、公正的就业环境。

（四）教师层面

1. 创新教学方法

教师要注重创新教学方法，如采取情境教学法、工作流程教学法、比赛教学法等。

（1）情境教学法

情境教学法与室内教学法不一样，室内教学法一般属于填鸭式教学法，缺乏趣味性，教学方法单一。而在情境教学法中，教师会设置多种情境，采用多种教学方式，调动学生学习的积极性，寓教于乐。

（2）工作流程教学法

工作流程教学法是指以工作为核心，以流程为环境，教学内容以该项工作所需要的专业知识、业务技能为中心开展的教学方法。学生按照工作流程指示，完成每一步的任务，就实现了课程目标。该项教学方法，解决了传统讲授法枯燥的教学方法，也做到了将理论知识同实际岗位需要的技能相结合，强化了学生的专业技能。

（3）比赛教学法

比赛教学法是在竞赛条件下，所有学生都按照统一的大赛规则来完成比赛的教学方法。该教学方法能够极大地激发学生的学习能力，学生在较高的压力下，精神高度集中，所掌握的知识也会更加牢固，有利于提升学生的职业能力。

2. 注重自身能力提升

有研究表明，如果一年不学习，一个人所拥有的全部知识将折旧80%；只有每年以6%～10%的速度更新知识，才能适应社会的发展。作为高校教师，承载着培养国家高水平技能型人才的重任，更应该熟悉本行业最新的理论知识和实践技能。因此，高校教师应该积极参加企业实践、专业领域培训和教师技能大赛，提升自己的科研实力，使自己的知识水平一直处在专业领域前沿。

3. 树立良好师德师风

高校教师需要树立自己良好的师德师风，只有这样才能更好地培养出优秀的专业人才。在教师行为准则方面，高校教师需要做到坚定政治方向、自觉爱国守法、传播优秀文化、潜心教书育人、关心爱护学生、坚持言行雅正、遵守学术规范、秉持公平诚信、坚守廉洁自律、积极奉献社会。高校教师应通过自己高尚的师德师风，影响本专业学生，间接地提升学生的职业素养等非专业能力，使学生真正成为一名企业和社会都喜欢的人才。

4. 完善以就业能力为核心的考核评价体系

就业能力是高等教育对学生培养的核心，因而学生的考核评价也应以就业能力为重点。就业能力考核评价体系的完善与规范需要不断通过改进考核主体、考核评价内容与评价方法来实现。

（五）学生层面

1. 加强心理素质教育

新就业形态带来了新的机遇和挑战，许多全新的领域出现在人们的视野中，对高校毕业生的能力也提出了各种新的要求，高校毕业生想要在新就业形态中"稳操胜券"，就应该准确评估自己，识别自身能力，不断加强心理素质教育。

首先，大学生的性格、气质等决定着他们的偏好，对就业能力和职业选择都会产生影响，比如主播需要具备活泼外向的性格，要善于沟通交流，而网页设计、软件开发等则对此没有较高要求，因此必须对自己的性格体征有清楚的了解，明确自己是偏向活跃还是安静，是多变还是稳定。

其次，大学生的兴趣爱好是职业选择的动力，虽然新就业形态对于大学生来说是一个好的创业机会，但是大学生不应该随波逐流，盲目地去选择自己不擅长的领域，要准确认识自己，清楚自己的兴趣爱好，密切关注新就业形态的发展变化，选择自己喜欢并适合自己的职业。

最后，大学生必须重视对自身心理素质的教育和心理健康的培养，积极参与心理教育的课程，加强各方面心理素质，避免出现各种心理扭曲，同时在日常工作和生活中，严于律己，加强心理能力的锻炼，沉着应对新就业形态带来的各种变化，妥善处理创业就业的各种压力和挫折，积极去除心理负担，避免骄傲自大或者自惭形秽的心理。

2. 加强专业能力提升

合格的高校毕业生需要同时具有扎实的理论功底和较强的实践操作能力。

在理论学习方面，由于理论知识较枯燥，需要背诵的内容较多，大都不受学生重视，因此，最重要的还是要学生明确理论课程学习的目标，激发学生沉下心来去背诵理论知识的动力。在实践技能方面，学生首先要重视在校内的各个实践环节，熟练各个工作岗位的操作规范和注意事项。此外，学生还要认真对待在校企合作单位的实习，按照企业师傅的要求完成好每一环节的锻炼，抓住亲自动手实践的机会，认真记录企业师傅的错误提示和经验分享，使自己尽快成为一名熟练工。

3. 合理规划职业生涯

职业生涯规划对大学生就业有着指导性的作用，它是大学生职业生涯的指向标。一方面，高校大学生在大一期间就要树立职业生涯规划意识，并且要贯穿整个大学阶段，其间要积极学习职业生涯规划的课程，通过课堂学习和教师的指导，合理地设计自己的职业生涯，自觉提高职业生涯设计的自觉性。另一方面，高校大学生在校期间要明确自己的职业定位，通过对自己的性格特点和能力素质进行客观自我分析，认清自身的优点和缺点，据此进行职业定位，确定个人的职业方向和职业目标。高校大学生可根据自己确定的职业目标，自觉锻炼自己，增加社会经验，培养自身各方面的就业能力。

4. 端正就业心态和观念

新就业形态是带动就业的重要途径，也是稳定就业的重要渠道，自主创业是新就业形态的发展方向，更高质量和更充分就业则是新就业形态的发展目标，为了符合新就业形态的能力要求，更好地实现创业就业，大学生必须具备规划意识，重视对职业生涯的合理规划，这亦是一个动态变化的过程。大学生进行职业选择的第一步就是要具备合适的职业生涯规划，从进入校园的第一天起，大学生就应该根据自己的条件、性格、兴趣等内部因素，以及所处的环境和社会等外部因素，及早地确立自己的创业目标和方向，并根据内外部各种有利因素，有规划、有步骤地去实现自己的目标和理想。同时，职业生涯规划也是变动的规划，即各种因素和条件都可能对自己的规划产生不同程度的影响，而在这个过程中，大学生可以根据内外环境的变化适时适当地对职业规划进行调整和完善，这是确保新就业形态下高校毕业生提升就业能力的重要因素。

同时大学生要以职业理想为导向，树立科学择业就业观。高校毕业生在面对从学校踏入社会的转变时，心理上或多或少会感到不适应，特别是新就业形态带来的崭新变化，存在许多未知的、区别于传统就业的就业习惯，这个时候更应该端正择业心态，接受并适应身份和环境的变化，对新就业形态进行细致了解和准确把握，对行业发展的前景进行科学分析和深入探讨，建立客观、专业、准确的职业认知。一方面，在面对挫折和失败时，要积极应对并分析总结，理智看待自身的问题，从失败中吸取经验和教训，然后进一步提升和完善自己；另一方面，大学生在确定目标时一定要综合考虑，从实际出发，实事求是，理性分析所处的环境和条件，寻找自己喜欢并适合自己的职业，脚踏实地地实现自己的职业目标。

5. 树立自主学习的意识

自主学习是大学生实现自我价值、提升就业竞争力的重要途径。大学生活的主要内容之一就是学习活动，而学习的关键就是要树立自主学习的意识，大学生要充分利用在校时间，主动学习本专业的知识与技能，在熟练掌握本专业课程的理论知识、行业相关知识等基本理论知识的基础上，还可以利用空余时间根据自己的能力、兴趣、爱好选修与专业知识相关的其他学科的知识，学习其他学科的新知识、新技能，了解各学科之间的联系，扩大自身的知识领域，通过自主学习和思考，强化个人的综合实力，把自己培养成社会需要的复合型人才。此外，当今大学生的生活多样，大学生习惯了安逸的大学生活，大部分的大学生都抱有"临时抱佛脚"的学习态度，学过之后就会忘记。因此，高校大学生要有目标有计划地学习，制订一个属于自己的学习计划，养成良好的学习习惯。

6.注重创新创业能力培养

很多高校的教育仍停留在简单的就业教育上，指导学生如何找到合适的用人单位和工作，而在新就业形态下，创新创业意识尤其重要，我们提倡积极参与更高质量的"双创"教育。"双创"教育强调对创新思想和创业精神的培育，重视培养大学生的主动性和独创性发展，加强大学生对创新创业的认识，帮助增强大学生的自我创造力，使大学生在做好自己和实现价值方面具有更多的可能性。选择自主创业，既能避免就业难的现象，也能为社会提供更多的就业机会，为社会带来更大的贡献。虽然一些高校也已经开始实行创业教育，但是绝大多数大学生仍然对此不够重视，很多高校毕业生可能会在找不到满意的工作的前提下选择创业，但是由于他们在校期间没有接受专业的创业教育，创业准备不充分，因此成功率并不高。

面对新就业形态的就业环境，高校毕业生应该认识到以下几方面：①创业也是我们的职业选择。②自主创业更能充分发挥自我价值。③国家支持"双创"教育，大力支持大学生自主创业。④新就业形态带来更多新的机遇和选择。因此，高校毕业生要深刻感受新就业形态下创新观念的变化，要认识这种变化所带来的机遇，主动参与到创业教育中来，吸收先进的理念，丰富并提升自己，树立新的创新观念，增强自主创业的意识，抓住创业的机遇，培养自己的独特性发展。

（六）家庭层面

1.家庭教育引导大学生准确定位

家庭教育在很大程度上影响了学生的就业心态，有的学生家庭比较富裕，社会关系也很广，这样的学生父母早都给他们安排好了工作，但有的学生却相反，一切都要靠自己努力。此时，父母要鼓励学生积极面对社会的不公平。在求职时难免会遇到一些困难和挫折，甚至找不到工作，父母不能对其嘲讽，这样会使其丧失信心，应该帮助分析当前就业的形势、急需招人的职业，增强学生就业的自信心。父母要从学生的角度出发，根据自己的生活阅历和人生经验，教育学生求职时不要盲目自负，挑剔用人单位和就业岗位，引导学生正确评估自身的能力，要寻找与之相匹配的工作岗位，不要热衷寻找可望而不可即的职业。同时父母还要引导学生形成正确的人生观、价值观，为大学生就业能力提升提供坚实后盾。

2. 改变自身传统就业观念

父母的传统就业思想无形中加大了高校大学生就业和心理上的压力。父母在指导子女选择就业岗位时，要尊重子女的想法，抛弃自己的虚荣心，降低对子女的期望，减轻子女的心理压力，教育子女干一行爱一行，树立敢拼敢闯的精神。此外，家长也要改变自身传统的就业观念，鼓励子女独立自主地去找工作，对子女的就业方向、工作地点、工作性质不要过多的干预，提供一些合理的建议和意见供子女参考，提供精神上的支持。

二、大学生职业生涯规划能力的提升路径

（一）内部路径

学生自己所发挥的作用，在职业生涯规划能力培养过程中占绝大部分，这需要大学生有正确的态度和强烈的意识，科学、全面地掌握职业生涯规划能力的各个组成部分，积极主动地提升自己的职业生涯规划能力，为职业发展打下坚实的内部基础。

1. 必要前提

随着社会的迅速发展，用人单位对求职者的职业生涯规划能力的重视程度越来越高，职业生涯规划的重要性和必要性日益凸显，高校毕业生职业生涯规划能力处于短板的现实也依然存在，使学生树立正确态度、增强职业生涯规划意识势在必行。

（1）责任态度要明确

大学生普遍具备职业生涯规划的责任意识，但仍有部分学生对职业生涯规划的重视程度还不够，没有意识到自己应该为自己的职业发展负责。大学生应该意识到自己是职业生涯的主人，自己要为自己的职业生涯负责，不要在自我

处于情绪危机时做出草率的职业决策，也不要过于依赖家长、老师而被动地进行生涯规划，而是要主动、积极、科学地规划自己的人生。

（2）学习态度要积极

绝大多数大学生对待职业生涯规划课的态度较为消极，学习不认真，重要的理论知识不能掌握，最后书到用时方恨少。

因此，无论是专业课程还是职业生涯规划相关课程，在学习知识的同时，也要将这些知识融入职业生涯规划中去，保持积极乐观的学习态度，不要被以往失败经历困扰，也不能只顾眼前的显性利益，而是要以长远的目光看清其对职业生涯乃至整个人生的作用。

（3）规划意识要强烈

职业生涯规划是一项终生性的系统工程，大学生应该掌握职业生涯规划的特征，以内部愿望为动力，以外部条件为动机，改变消极的生涯观念，主动制定切实可行的职业生涯规划。

严峻的就业形势下，大学生应该端正态度，摒弃功利主义思想，认识到职业生涯规划发挥的长期性作用，正视自身肩负的职业规划责任，增强职业生涯规划意识和技能。

2. 基础要素

"知己知彼，百战不殆"，其中的道理对于大学生职业生涯规划能力提升来说同样适用，"知己"就是要了解自我，做出准确评价，"知彼"就是要有效认识环境，了解自身的各种职业选择。在职业生涯理论中，"知己"和"知彼"都是职业生涯规划里最为基础的两个方面。

现阶段，大学生对于自我和环境的探索都还停留在初步阶段，缺乏深入了解自我的方法，也缺少有效掌握环境的途径，这些都不利于职业生涯规划能力的培养和提升。想要做出准确的自我评价，就需要充分了解自我的性格、气质、价值观、优劣势、兴趣、人际关系，以及自身的职业准确度和适应度等，这种了解不是简单的点到为止，而是要通过科学的方法，系统地对自我做出准确评价。测试法是认识自我的方法之一，通过量表能够快速了解自我的兴趣、性格、价值观等，帮助大学生科学、准确地评价自我，常用的有霍兰德职业兴趣测试量表、职业成熟度量表等。

在准确评价自我的基础上，还需要对环境有所认识，大到经济发展，小到岗位要求、对自身来说很重要的环境信息都需要有一定的掌握。有效认识环境最首要的就是要把握获取信息的机会和渠道，大学生应该及时关心时事新闻，了解国家相关政策和社会发展现状，积极关注就业指导中心发布的就业信息，掌握行业动向和岗位需求，还应该多与老师沟通交流、积极参加相关讲座、主动参与社会实践和学生社团，运用学生干部的任职经历，进一步为职业决策做好准备。

3. 核心内容

现阶段，大学生于工作相关信息的分析能力并不理想，多数学生难以建立自身与工作的关系，导致有些同学即使掌握了充足的自我信息和环境信息，也会做出糟糕的职业决策，其职业生涯规划能力在决策方面被大大削弱。良好的信息加工能力能帮助大学生做出科学合理的职业决策，保障职业生涯规划的质量和效率。在信息加工理论的金字塔模型中，决策技能发挥着承上启下的关键作用，包含沟通、分析、综合、评估和执行 5 个方面。

沟通是进行职业决策的第一步，回答的是"我是否需要做出一个职业选择"的问题，主要任务是从内部愿望和外部压力中，意识到择业问题的存在，找出理想与现实的差距；随即是分析，回答的是"自我与相关职业选择间如何建立联系"的问题，主要任务是在对自我和职业有充分认识的基础上，找到自我与职业之间的匹配达到平衡的可能性；接下来就进入综合阶段，回答的是"我有哪些解决问题的选择"的问题，主要任务是运用"头脑风暴"，尽可能多地想到解决问题的各种方案，再进一步精简，得到 3 ～ 5 个有效的选项；评估阶段，回答的是"什么职业是我的最佳选择"的问题，主要任务是评估所选择的职业对自己的影响因素，对所有的选择进行评级和排序；最后进入执行阶段，将思考转化为行动，解决沟通阶段提出的生涯问题。

大学生职业生涯规划能力的所关注的是过程而不是结果，因此职业决策绝不是单一方向，而是一个不断重复的连续过程，在执行阶段之后，意味着"我已经做出了好的职业选择"，还需要回到沟通阶段，确认理想与现实的差距是否得以消除。高质量的信息加工能力和决策技能，能够有效帮助大学生准确的找到职业方向，促进大学生职业生涯规划效率的提高和职业生涯规划能力的提升。

4. 重要环节

对于大多数大学生来说，做出职业选择本身不是一个问题，困难的是将其付诸实践，在职业方向已经明确的前提下，仍无法执行职业决策的现象不占少数，究其原因，在于缺乏具体可操作的行动方向和指南，可见，具体的职业生涯目标和详细的职业生涯计划，是职业选择得以顺利进行的重要保障。

制定明确的职业生涯目标，首先要遵循实际原则，这需要大学生统筹兼顾，结合自身的主客观实际确定目标；然后要遵循具体原则，这需要大学生将职业生涯总目标按阶段分解成一个个小目标，可以学年为单位，也可以学期为单位，更细致的甚至可以月为单位，但目标的分解也不能天马行空，总目标和小目标之间须要有逻辑性较强的内在联系；最后要遵循时效原则，这需要大学生赋予小目标明确的完成时限，具体时间期限可视自身能力决定。

目标一旦确立后，就需立即制定配套的职业生涯计划，以保证目标的顺利实现。制定明确的职业生涯计划，同样需要学生遵循实际原则、具体原则和时效原则，从与职业有关的各个方面出发，短期计划与长期计划相结合，制定详细而具体的职业生涯计划。目标和计划相辅相成，大学生想要化解执行难题，就须要有具体的生涯目标和详细的职业计划。

与此同时，整个职业生涯中，大学生在不断进步，工作世界也在不停发生改变，此时就需要时刻反省自己，并不断审视环境，对原先的目标和计划进行反思，如果原先的目标和计划不再适合当下的条件，则需要结合现状进行修正和调节，以确保职业生涯规划的有效性。

（二）外部路径

1. 建立健全"三融"型的职业生涯规划课程内容体系

现有的高校职业生涯规划课程内容体系，从横向来看，课程内容缺乏广度和深度，主要包含职业生涯规划理论知识和就业指导，较少涉及信息加工、目标确定、计划制定等方面，也并未体现出专业差异；从纵向来看，课程内容缺乏阶段性和衔接性，主要以"打包"的形式集中呈现，没有全面考虑大学生的身心发展规律和职业生涯发展特征，阻碍了大学生职业生涯规划能力的培养和提升。为改善这一现状，大学生的职业生涯规划课程内容的制定，应该遵守课程内容与生涯特征、专业特色、社会实践相融合的原则，逐步建立健全"三融"型的大学生职业生涯规划课程内容体系。

（1）"第一融"

课程内容要与生涯特征相融合，即职业生涯规划课程内容设置要体现阶段性，这是职业生涯规划课程内容体系制定的重点。根据职业生涯发展理论，个体的生涯发展是一个连续且有序、可预测但不可逆的动态过程，体现出一定的动态性和连续性，因此不能只局限于低年级教学，高校在职业生涯规划课程内容设置方面，必须遵循职业发展的特点，以年级为单位，将职业生涯规划课程内容划分为三个阶段，循序渐进，贯穿于大学生的整个大学教育生涯。第一阶段的主要任务是提高大学生对职业生涯规划的初步认识，课程应涵盖职业生涯规划理论、职业生涯规划的重要性和必要性、能力构成、影响因素、具体程序等内容，目的在于促进大学生职业生涯规划意识的形成；第二阶段的主要任务是促进大学生掌握规划步骤和操作方法，课程内容应包含自我认知、职业认知、职业决策技能、职业生涯目标和计划的制定等，目的在于促进大学生职业生涯规划能力的培养；第三阶段的主要任务是加大大学生职业生涯规划转变为现实的可能性，课程内容应涉及职业道德、职业角色转变、职业心理适应、职业生涯规划的调整与修正等，目的在于促进大学生职业适应能力的提升和综合素养的形成。

（2）"第二融"

课程内容要与专业特色相融合，即职业生涯规划课程内容设置要体现针对性。不同职业对大学生职业能力的要求有所不同，因此高校在课程内容设置方面，也要从专业的角度出发，避免出现职业生涯规划教育与专业学科教育脱轨的现象。大学生职业生涯规划教育，应该以专业为载体，加强职业生涯规划课程内容与专业设置、行业前景、专业人才培养要求、专业社会地位及学习价值等专业相关方面的紧密融合。

（3）"第三融"

课程内容要与社会实践相融合，即职业生涯规划课程内容设置要体现实践性。纸上谈兵终究是肤浅的行为，只有实践才能检验能力，为帮助大学生顺利从"校园人"过渡到"职业人"，职业生涯规划课程内容应该与实训、实践、实习等经历有机结合，促进大学生"学、思、行"相统一，保障大学生在走出校门进入社会之前，能对心仪职业的工作特点、工作内容、人员要求等有实实在在的见识和了解，促使他们在今后的工作中能够快速转变身份、适应职业。

2. 建立系统的职业生涯规划教育评价机制

职业生涯规划教育评价，是目前高校职业生涯规划教育过程中较为薄弱但又十分重要的一环，有效的教育评价是对高校职业生涯规划教育实施所达到教育目的程度的价值判断途径，也是检验大学生职业生涯规划能力水平的重要关卡。评价机制的完善程度和有效性，对整个职业生涯规划教育过程而言至关重要，不仅能够帮助高校了解职业生涯规划教育实施的效果与存在的问题，而且还能为职业生涯规划教育体系改革提供方向。

首先，要以全面发展为载体丰富职业生涯规划教育评价内容。人的全面发展就是要促进人各个方面基础素质和基本能力的完整发展，职业生涯规划教育作为一项关注学生职业发展的终身性活动，其评价内容也应该立足于人的全面发展，涵盖大学生情感、态度、认知、方法、过程以及知识应用、行动能力等各个方面，在注重职业生涯规划理论知识掌握水平的同时，还要关注学生职业生涯规划责任意识、反思意识的形成，职业生涯规划知识的实际应用，以及职业生涯规划能力的培养与提升等，使评价内容更加饱满而全面。

其次，要以能力培养为核心形成多元的职业生涯规划教育评价方式。高校现有的职业生涯规划教育评价方式以作业结果评价和理论知识考查为主，过于片面化、书面化，不能有效检验大学生职业生涯规划进度和实践应用效果，因此，职业生涯规划评价机制的完善，要始终坚持多种评价方式并存的原则，在不同情境下，运用不同的方式对职业生涯规划教育进行检验。对大学生职业生涯规划能力的评价，不仅要关注最终的结果，而且还要关注能力形成的过程。还需要抓住评价的关键期，保证评价的时效性，做到短期评价与长期评价相结合。而对于不同的评价内容，也需要以理论考查与能力考核相结合的形式做到全面顾及，在评价时为保证职业生涯规划能力评价的有效性和科学性，不仅要进行口头或书面描述等评价，而且还要采取量表、问卷等形式的量化评价，形成多元的评价方式。

最后，要以大学生为中心扩充职业生涯规划教育评价主体。大学生是职业生涯规划教育的评价主体之一，高校应充分肯定学生评价的重要性，鼓励学生积极开展自评，小组成员之间互评，通过同学之间的沟通交流，检查自身职业生涯规划进程以及知识、技能的掌握情况，做到及时补救、推进和调整。但在提升学生评价地位的同时，仍需继续发挥教师评价的指导作用，从教师的专业视角为大学生的职业生涯规划做出实质性评价，同时，为避免教师思维定势的干扰和专业水平的限制，还可将学生家长、用人单位、校外专家纳入评价主体范围，使职业生涯规划教育的评价机制更加科学、合理。

针对现阶段高校职业生涯规划教育评价系统不完善的现状，从评价内容、评价方式和评价主体入手，逐步建立系统的职业生涯规划教育评价机制，是大学生职业生涯规划能力提升的重要保障。

3.设立专门的职业生涯规划教育管理中心

目前，高校对于职业生涯规划教育管理中心的设立还没有统一定论，大多未建立职业生涯规划教育管理的专门机构，而是以就业指导中心的形式代替，但就业指导中心更关注学生的对外产出，其重点是学生的就业，对职业生涯规划教育工作以及学生职业生涯规划能力的培养问题关注较少。作为职业生涯规划的组成部分，就业指导不能替代职业生涯规划教育管理中心的地位与职责，高校想要有序开展职业生涯规划教育，发挥职业规划教育的实际作用，就必须做出改善，设立一个专门负责职业生涯规划教育系列工作的管理中心。

西方职业生涯规划教育发展十分成熟，其对于高校学生职业生涯规划教育的管理工作值得我们借鉴和学习。通过对西方职业生涯规划教育的研究，可以了解到，各高校对于学生职业生涯规划教育都给予了充分的重视，设有专门的职业生涯规划教育中心，负责授课教师的遴选、市场信息的整合以及学生的个性化指导等，各院系层面也设有与之配套的职业生涯规划办公室，根据学院的专业特色开展符合本专业学生特点和发展的职业生涯规划教育。在此基础上，将西方教育经验与我国高校现状相结合，高校职业生涯规划教育管理中心应该涉及职业生涯规划教育的课程教学安排、大学生的实践拓展和个性化的职业生涯辅导以及就业指导等。

课程教学组主要的职责是研究开发创新型的职业生涯规划教育模式，落实好职业生涯规划课程目标、内容、实施、评价等课程体系建设，以及职业生涯规划教师的选聘、培训、管理等师资队伍建设工作。实践拓展组的主要职责是监督管理实训基地的建设，指导大学生有效开展实训锻炼，与校内外的企业、用人单位等沟通联系，拓展大学生实习、实践场所。职业生涯辅导组的主要职责是吸引校外专家学者到校开展职业生涯规划专题讲座，加大职业生涯规划宣传教育工作，并设置专门的职业生涯规划咨询办公室，安排专业的职业生涯规划咨询师和职业生涯规划心理辅导师，为大学生提供针对性辅导和专业的心理调适，帮助学生更好地了解自己，获得规划技能。就业指导组的主要职责是紧密联系企业、用人单位，广泛吸引其来校招聘，及时向学生解读就业政策、发布就业信息，为学生提供简历制作、面试指南、求职技巧、就业手续等方面的指导工作，以及就业相关法律法规教育工作等。各院系职业生涯规划办公室主要职责在于，认真落实好学校和职业生涯规划教育管理中心的工作任务，并结合本院系专业特征，吸引辅导员老师和各专业课老师参与学生的职业生涯规划教育工作，积极开展适合本专业学生职业生涯发展的院系课程。

专门的职业生涯规划教育管理中心，是连接学校和院系之间的纽带，是传达和执行职业生涯规划重要精神与文件政策、研究和部署职业生涯规划教育系列工作和教学任务的重要机构。课程教学组、实践拓展组、职业生涯辅导组和就业指导组四个部门以及各院系的职业生涯规划办公室，各司其职、齐心管理，协助高校职业生涯规划教育工作的有序开展，促进大学生职业生涯规划能力的有效提升。

第三节　大学生精准就业指导的实践路径

一、完善就业指导管理过程

高校就业指导管理过程是把学生"引进来"—"送出去"—"就业跟踪"—"个别（优秀校友）引进来"的大循环。

（一）充分引进高质量企业

就业市场建设是高校就业工作中的一个重要环节，是学生就业工作中必不可少的要素。当下，00后毕业生就业意识不足，无就业压力，不主动就业。那么，学校就需要将大量高质量的企业引进校门，帮助其进行择业。研究表明，很多学生对学校引入的企业不满意，满意度均值低于 3.5 分。

做好就业工作就为学生找到了"好的出口"，而"好的出口"就要求学校在就业市场建设上下功夫。在校外充分调研的基础上，根据在校生专业情况有针对性地开拓高质量的企业，把开拓企业的质量和数量纳入每年的绩效考核中，从制度上为学生"好的出口"提供保障。疫情防控期间，拓展"线上"就业市场，严格把控企业入校关和动态管理机制，保证就业市场建设有质又有量。

（二）提高资助育人效果

目前，高校就业资助往往是一些政策性的补贴，如就业补贴、创业补贴、贷款补贴或是创业基金等，资助形式往往以物质资助为主。要想从根本上突破就业资助现状，就要提高学生就业创业能力，从"授人以鱼"转变为"授人以渔"。面对就业困难的学生，首先，学校要做好建档工作，班主任可以通过与学生谈心谈话来获取信息；其次，由学校多部门联动，进行学生的职业倾向测试、心理状况评估、就业规划设计；最后，对获取的数据进行加工整合，开展精准帮扶，提高资助育人的效果。

（三）精准开展个性化就业指导

个性化的就业指导服务，是高校精准就业服务体系中不可或缺的一部分。高校应引进职业匹配测评系统，对毕业生的个性特点、专业能力、兴趣爱好、职业诉求等方面开展评估，为毕业生就业提供科学参考和职业发展建议。高校教师应通过举办模拟面试大赛、无领导小组讨论、求职技巧培训、求职心理调适、求职礼仪和形象塑造、简历大赛、校友访谈等活动，提升毕业生的语言表达和沟通交流能力，从而提升毕业生应聘技巧和求职能力。高校应开通毕业生就业咨询热线，专门解答毕业生就业中遇到的问题，帮助学生了解国家各项就业政策，提出个性化参考建议；同时应开展求职心理辅导工作，如心理知识科普、求职心路分享、朋友心语故事交流等，疏导毕业生的焦虑情绪，提高求职自信。

20世纪末，各高校陆续开展大学生职业生涯规划及就业指导课程，职业生涯规划教育已在各高校逐渐普及。加强大学生的职业生涯规划教育和就业指导服务是构建精准就业服务体系的必由之路。高校需要在大学阶段就为培养学生的就业竞争力做好准备，创新职业生涯规划课和就业指导课程教学，引导学生进行自我探索和SWOT（态势）分析，提高大学生对各行业的认知，从而提升职业技能。

高校应引导学生做好精准化的职业生涯规划，使大学生在了解自身优缺点、自身的专业知识、行业发展远景以及当前就业形势的基础上，开展个人就业竞争力评估，从而形成正确的就业观和择业观。高校应收集毕业生求职意向和求职进展情况，形成数据分析报告，通过就业座谈会等形式与毕业生分享，引导他们进行自我定位，提升毕业生对灵活就业、自由职业、自主创业、慢就业等就业方式的认知。同时，开展就业政策宣讲会，帮助毕业生解读当前国家和各地的毕业生就业创业扶持政策，鼓励大学生将个人的发展与国家的发展紧密起来，引导毕业生积极响应国家政策，投身中西部、边疆和基层发展。

（三）强化就业指导管理服务

对管理服务工作的强调，早在党的十九届五中全会中就有提及，并将"人民满意"作为服务型政府的建设标准，对于就业指导工作而言，应强化服务意识，理顺服务体系，简化办事流程，提高服务效率，在报到证、档案等就业手续办理方面持续深化"最多跑一次"改革，大大提高办事效率，提高学生满意度。

（四）优化毕业生跟踪长效机制

高校的就业指导后续工作就是对已经毕业的学生进行跟踪，调查其在企业的工作情况，形成一个闭环。学生在企业的表现直接反映了高校人才培养的质量，并以此为依据，进行高校人才培养改革。

优化毕业生跟踪长效机制：一是高校领导层要充分提高对学生就业指导的重视，唯有领导重视，才能为跟踪调查提供人力、物力、财力的支持；二是要建立合理的制度，在每年拟定学校重点工作时，都能够将跟踪学生就业后的情况作为一项重点工作来监测，并且形成相应的考核和监管制度，协同多部门的力量，全员化、全过程化追踪就业指导；三是要构建调查跟踪新模式，避免调查形式的单一性，可利用大数据平台或委托第三方进行调查，提高工作效率；四是要强化结果的运用，结合调查结果改革人才培养方案、调整招生专业和规模、调整就业方向等。

二、丰富就业指导方式

（一）设置融会贯通式的就业指导内容

高校应在学生整个学习过程中设置融会贯通式的就业指导内容。大部分学生进入高校前并没有职业生涯规划，因突然离开了家长的陪伴，大学一年级学生往往会找不准方向，他们在进行志愿填报的时候，常常对报考的专业没有做深入了解，导致其找不准职业目标和发展方向。

所以，在这个时间段内，老师的介入起着至关重要的作用。老师要适当地引导学生融入到大学学习和生活中，并适当地加入就业指导相关内容，在入学教育时强化学生对专业和岗位的认知，使其逐步建立职场意识，完成从学生到职场人思想上的变化；分析经济形势、关注就业形势变化，对照自身优势和劣势，引导学生树立职业意识，为形成合理而客观的职业规划打好基础。

根据前一年的学习情况，学生逐渐了解了自己所学习的专业，对于将来要从事的行业也开始慢慢有了认知。到了第二年，教师可以有意识地在学生的课程中融入提升职业素养的知识，对应地培训将来就业可能需要的技能和进行自主创业时需要的技能，通过自身全面素质的提升来完善其自身的职业生涯规划。

学业结束后，学生开始求职和择业。这一阶段，学校的就业指导工作应保证学生以积极的心态、良好的精神面貌和比较确定的职业方向开始自己的求职或创业生涯。一是可以通过就业政策与法规的学习来维护学生自身的利益；二是刚就业的心理落差常常是因为对自我的期待和现实存在着差距，通过提前培训的方式让学生了解市场，了解行业，可有力避免学生树立不切实际的期待；

三是心理健康对于毕业生来说是至关重要的，在求职过程中要保持积极乐观的心态，高校需要在学生在校期间重视他们的心理建设和心理疏导；四是可以组织形式多样的讲座，为学生充分就业提供保障。

（二）改变单一形式的就业指导途径

首先，课堂教学是高校育人工作最主要的"法宝"，高校开展就业指导工作，最常用的方式是课程讲授。开设一些和就业指导相关的课程，同时寻找这一类课程和其它课程有机融合的突破口，来提升就业指导的效果，对在校的学生从多个方面进行培养，实现德智体美劳全面发展。思政课可帮助学生树立正确的择业观，就业指导课程可为就业提供理论基础和方法指导，专业课可为就业提供技能保障，素质课可培养学生的思维能力和沟通能力，实训课可培养学生的工匠精神。

其次，学校要重视学生社会实践的开展。研究表明，在多种方式的就业指导中，最受学生喜欢的，并不是课堂讲授，而是实践活动。在原有的人才培养模式下，学校要积极探索和拓展，增加如"订单班"或者"现代学徒制"等更加多元的培养模式，通过"入学即就业"的方式实现"双元制"协同育人。

再次，学校应强调校友在就业指导中的作用。研究表明，学生希望与"已毕业的学长学姐交流经验"，但学校开展的此类交流只有学生期望值的四分之一。校友是学校的"活名片"，其求职经验和工作经历，可以给学弟学妹做示范，同时，校友推荐的工作对学弟学妹们来说更具有吸引力。信息化时代为校友开展经验交流提供了便利条件，高校可以对毕业生进行跟踪调查，与校友进行密切联系，邀请校友通过"线上线下"就业指导，为学弟学妹们提供及时有效的帮助。

最后，学校还需要针对不同学生的个性化需求，灵活采用企事业单位专业人员作报告、一对一咨询、专题讲座、模拟训练、团体辅导等形式，为学生提供丰富多样的就业指导，为不同学生寻求最合适的就业指导方式提供保障。

（三）丰富精准就业指导服务体系的内容

1.丰富就业指导课程内容

高校之前的就业指导课大多以选修课的形式出现，面向全校大一到大四的学生，课程的内容没有针对性，学生不能较好地掌握相关的知识。高校应根据各个不同年级的大学生的特点，设置层次化的教学目标，按照重要程度设置教学内容。例如，大一学生应该了解自己所学的专业，包括该专业的基础知识有哪些，未来该专业的发展前景是什么。同时，大一学生还要了解职业生涯规划基础知识，能够全方面、多角度了解、认识自己，加深对自己的剖析，并能够对外部环境进行分析，找到自己的优缺点。针对大二、大三的学生，主要开设未来就业技巧、就业礼仪、就业路径选择等方面的课程，帮助他们提高自己的能力。大四学生处在即将毕业的阶段，这时的教学重点应该根据该年度的就业形势和该校学生的情况，协助学生制定合理的职业目标，帮助大学生调整心态，并指导他们准备推荐表、个人简历等求职面试资料，及时提供各种就业信息，使他们能够顺利找到适合自己的工作。

2. 加强大学生职业生涯规划指导

针对学生制定一个行之有效的职业生涯规划课程体系，有助于高校大学生从自己的专业特长和外部环境出发，明确自己的职业发展目标和设定自己的职业理想，防止学生好高骛远。高校需要开展以大学生的职业生涯规划指导为中心的相关就业指导课程，使学生明白职业生涯规划的意义、兴趣的培养与提升、性格类型的探索、能力的分类、价值观的澄清、工作世界的探索方法、职业生涯的选择、职业目标和职业生涯行动方案的制订与完善等，不断充实自己。高校还可以尝试使用团体辅导＋讲授的方式，以学生为中心，开展体验式教学。随着信息技术的快速发展，高校可以利用网络资源开展线上线下职业生涯规划课程，使大学生不受时间、空间的约束，去选择自己所需的就业指导知识与相关教学资源。

三、优化就业指导队伍

（一）保证就业指导队伍的数量

目前，负责就业指导工作的教师来源复杂，既有行政人员，辅导员，又有马列教师，人数不能满足要求，且基本上都是兼职。就目前来看，学校可以通过两种方式来吸引优秀人才：一是可以选拔有相关专业背景和经验的老师，经过专业培训后加入就业指导队伍中；二是可以单列就业指导老师编制，从各大高校或社会中招聘专业就业指导教师。

（二）提升就业指导队伍的质量

在保证就业指导教师数量的同时，要抓紧提升就业指导教师的质量。高校应积极提高就业指导教师的指导能力和专业知识水平。在美国或者其它发达国家，有一些好的做法和经验可供我们参考和借鉴。拓展就业指导教师的知识和能力，拓宽就业指导教师的指导范围，同时注重就业指导教师队伍的系统性建设，在就业指导教师的分工和专业性上多下功夫，建设一支"又专又精"的就业指导队伍。

（三）丰富就业指导队伍的多样性

学生日益增长的对学校就业指导的需求与学校单一化的就业指导队伍的矛盾，要求高校改变就业指导队伍单一的现状，可采用"校内外配合、兼职和专职互相结合"的方式进行。教师队伍成员根据自身优势，各司其职，为满足学生差异化的需求提供师资保障。

除了学校内部用以进行就业指导的老师在质量和数量上需要改善以外，为了促进就业指导工作有进一步的突破，还需要融入校外人力资源。企事业单位可以为学生提供最新的社会需求分析，各地就业指导中心工作人员可以为学生提供最新最全的政策支持，优秀的校友可以通过自身的发展为学生提供最适合学生发展的渠道和捷径。同时，保证就业指导队伍的专业性，对于学生的就业指导将更加体系化和专业化，兼职就业指导队伍还可以利用他们与学生"接触多"的特点为学生就业提供全程、全员的服务。

（四）精准培育专业化就业指导教师队伍

培育专业化的就业指导人员是高校就业指导服务体系中的一部分。高校应建立健全精准就业服务的工作机制和管理体制，成立校、院、班三级就业工作领导体系，建立"学校—学院—班级—学生"四级就业工作模式，形成"责任明确、分工精细、运行有序"的就业管理和监督机制。高校应当落实就业工作一把手工程，树立"人人都是就业工作者"的理念，统筹毕业班辅导员、论文指导教师、专任教师、招生与就业指导中心负责人、各职能室负责人的综合力量，形成"全员促就业"的就业工作大格局。

同时，应不断壮大师资队伍，培育政治素质高、专业技能强、个人能力强的就业指导教师。结合目前大学生就业形势和本校毕业生就业实际情况，针对教师开展专门的思想政治教育理论知识讲解、创业就业相关政策和法律法规解读、就业技巧和谈心谈话指导等技能性培训，着力提升就业指导教师的专业技能和综合素质。同时，还应发挥就业指导与专业教学的联动作用，将毕业生工作与专业招生计划、课程教学、人才培养等挂钩，形成学校各部门、各学院、各学科教师通力合作、共推就业的就业工作新格局。

四、扩大毕业生的主体市场需求

（一）加大对中小企业的扶持力度

中小企业是指人数和规模均相对较小的企业。针对不同的行业，对中小企业的人数和销售额均有不同的要求。中小企业是大多数毕业生就业时的首要选择，其对于促进就业、技术提升、科技创新、促进经济发展和改善民生具有十分重要的作用。为促进毕业生的就业，应充分发挥中小企业对于毕业生的吸收接纳能力。如果政府未充分扩大针对毕业生的就业市场需求，政府应当制定针对性的帮扶政策，进一步帮助中小企业生存、发展和壮大，并以此带动和进一步拓宽针对毕业生的岗位需求和人才需求。政府可以采用多种方式，如提供资金支持、减税降费和优化中小企业的营商环境等，来促进中小企业的迅速成长和发展。

在中央财政部的统一安排部署下，财政局应安排专项资金用于降低中小企业的人力成本。为进一步鼓励中小企业对于毕业生的招聘录用，应对雇佣毕业生的中小企业给予补贴，同时鼓励中小企业基于战略发展和人才储备的目的，为毕业生提供合适的就业岗位。政府应安排专项扶持资金为中小企业的基础研究和技术创新提供财政支持，鼓励并引导中小企业提升自身的创新意识和创新能力。同时，安排专项资金用于进一步完善支持中小企业生存发展的公共服务体系，建立支持处于种子期、初创期的中小企业发展的孵化园和实体产业园区，推动中小企业的健康发展、壮大。政府应持续推进针对中小企业的减税降费，对月销售额在 10 万元以下的小微企业实施普惠性的税收减免；适当降低中小企业的增值税税率来降低其成本；加大降费力度，如减免中小企业的部分不动产登记费、研发专利认定费、商标注册收费和出入境证件照类收费等，以进一步扶持中小企业的发展。为进一步支持中小企业的发展，政府应充分发挥其对公共资源的配置能力，在政府采购中提高中小企业获得政府采购合同的比例，向中小企业进行份额预留，给予中小企业评审优惠和鼓励招标分包等措施来进一步保障中小企业参与政府采购活动的权益和竞争力，并完善补充支持中小企业发展的政府采购政策。

另外，政府需督促相关责任部门加强排查统计，加快清理各方拖欠中小企业的欠款，保障中小企业的资金回流和进一步的发展壮大。另外，从政府公共管理职能的角度出发，按照"应减必减、该放就放"的原则精简政府针对中小企业的行政审批流程，对于必须保留的行政审批事项，应精简申请材料、简化流程、压缩时限以提高审批效率。

（二）协调搭建校企定点人才培养模式

高校应通过与对口企业搭建校企定点人才培养模式来保障毕业生的充分就业和就业质量。高校在进行人才培养时，根据企业的要求来制定人才培养规划和目标，着重提升学生应对未来工作岗位所需的个人技能和综合素质，待学生考核毕业后可直接进入企业工作，这种人才定点培养的方式不仅适合高校，同时也为学生的就业提供了有效的保障。高校和企业这两大高等教育的主体单位有着密不可分的联系。而校企合作是否成功、两者的合作程度有多深、合作效果如何，在很大程度上取决于政府在其中所发挥的作用。为解决高校毕业生就业市场需求问题，政府应以企业需求为导向，制定有效的措施来鼓励和引导高校和企业搭建有效的校企定点人才培养模式。政府各部门应积极推动，为学校和企业牵线搭桥，打通渠道，帮助学校解决产学结合过程中亟待解决的问题，帮助院校和企业找到产学结合的切入点，充分整合校企双方的师资力量和实训基地资源，形成双向参与、协作互补的人才培养模式。

政府应进一步出台和落实促进校企合作的支持性政策，并进一步完善校企合作服务平台和平台顺利运行的保障机制，鼓励、推动学校和企业之间开展卓有成效的合作。首先，政府应统一规划、统筹协调各项资源以促进高校和企业的合作，积极维护并提升合作双方的共同利益，实现高校、企业和毕业生的"三赢"结果；其次，政府应制定相关法规，充分明确高校和企业在合作进程中各自的权力和义务；最后，政府应在政策上鼓励高校和企业开展深入合作，例如为开展校企合作的企业减免企业增值税、通过财政补贴支持校企师资互通和提升高校毕业生个人能力的实训基地的建设。

五、加快就业指导信息服务建设

（一）建立导向性的就业指导数据云平台

当下，大数据的发展和应用惠及社会发展的方方面面。构建有导向性的就业指导数据云平台，通过云计算和大数据分析，搜集就业信息，建立就业数据中心，实现海量数据的动态更新、储存。培养并引导学生建立以职业为导向的思维方式，在大数据背景下，帮助学生做出合理的就业规划，保证就业指导与学生需求高度吻合。

（二）建立个性化的学生求职偏好模型

建立个性化的大学生求职偏好模型，以海量就业数据为依托，发挥大数据的作用，优化推荐算法，提升就业岗位推荐的精准度。首先，通过就业指导数据云平台，分析大学生相关访问日志，主要包括的内容有点击查看的公司、岗位、在某网页停留的时间、投递的简历以及收藏关注的公司，通过对大数据的分类归纳，对学生就业意向进行预判；其次，对比近年来已毕业学生的就业数据，根据学生个性化差异对已就业学生进行归类，寻找就业单位一致或相近学生群体的共同点；最后，根据已毕业学生就业数据分类结果，有针对性地推荐岗位给应届毕业生，做到大数据时代的精准匹配，提高推荐工作的有效性、就业稳定性和学生满意度。

（三）建立严谨的就业信息审核机制

在就业指导数据云平台运行的过程中，必须严格规范信息发布，从源头提高就业信息发布的质量和信度。在就业市场和就业单位信息库建设时严格把控就业单位的准入制度和淘汰制度。首先，学校就业指导中心要建立统一的就业单位信息库，设立准入门槛，进行就业单位入库备案，不达标和工商预警的企业绝不能入库；其次，学校就业单位信息库要根据毕业生对企业的反馈进行闭环管理，对学生反馈较好的企业进行多宣传，对学生反馈不好的企业进行剔除；最后，对信息库内企业招聘信息的发布进行实时监督管控，保障学生的利益不受侵犯。

（四）建立科学的用人单位画像模型

一是通过对用人单位近几年的招聘会、宣讲会、发布的招聘岗位、招聘的各种要求和条件等各类数据进行搜集和整理，建立用人单位数据库；二是充分利用大数据对用人单位进行信息检索，确定用人单位招聘偏好，科学预测用人单位招聘需求；三是将各类数据进行整合，确定用人单位招聘需求，向用人单位精准推荐求职的学生。

（五）建立闭环的就业指导评价反馈机制

建立闭环的就业指导评价反馈机制可以实现学生、企业、高校三方互利：首先，学生可以找到满意的工作，企业可以招到合适的员工，"以就业为导向"的高校有力地实现了办学宗旨；其次，学校和企业之间也可以形成一个良性的循环，学生对就业的企业满意，工作时会有强烈的归属感和荣誉感，同样的，如果企业对学生的在岗表现满意，那对培养学生的学校也会给予认可，对于后续毕业生的就业，企业也会热烈欢迎，可以帮助学校开创"出口畅、入口旺"的良好局面，提高学校声誉和竞争力；最后，就业指导数据云平台的建立，可以实现用人单位和学生匹配的精准化，通过反馈机制，反向修正推荐模型，使推荐模型更加准确，提供更优的个性化服务。

六、积极构建"互联网＋精准就业"的新模式

（一）完善就业服务系统化管理机制

新冠疫情发生后，高校应该转变观念，精准定位，主动出击，服务大学生，为高校的就业工作做好充分的铺垫。高校就业管理工作是一项系统性的工程，按照国家有关文件和会议精神的要求，要做到"机构、经费、人员"三到位，为有效顺利地开展高校就业管理工作铺下坚固的基石。疫情后期，高校要通过摸清需求、盘活资源、拓宽渠道、扩大就业、推进就业服务数字化转型等措施，提高高校毕业生就业质量。

（二）强化就业服务精准化信息平台建设

新冠疫情防控在导致人们生活方式改变同时也对毕业生就业服务前景造成了关键性的改变，在疫情防控期间，传统见面开会的观念逐渐发生巨大改变，发达的网络科技的功能越来越重要，高校可以强化就业服务精准化信息平台建设，完善学生基本信息、就业管理程序、就业求职指导、单位招聘信息、就业创业与职业生涯规划在线咨询等各项功能，结合网络技术做好精准服务，不但要解决如何进行服务的问题，更要解决如何服务好的问题。及时向高校大学生分享各行各业就业信息，同时通过就业网、微信、QQ 等多种多样的渠道发布。新冠疫情防控期间高校更应该利用先进的信息技术，积极拓展开发就业相关的网络平台，让供需对接更精确。

七、完善促就业相关政策落实的监督体系

（一）实施"嵌入式"监督以提高监督质效

完善促毕业生就业政策落实的监督体系需要市纪委监察机关实施"嵌入式"监督以提高监督质效。所谓"嵌入式"监督即是通过下沉驻点，对政策落实的基层部门派驻监察工作组，监督政策落实过程中的政府职能是否得到充分发挥，实现全方位的政策监督。与以往的事后问责制相比，"嵌入式"监督将对政府相关职能部门的监督哨点前移，重点要求各职能部门做到政策执行前的预期目标介绍、政策执行中的问题反馈和接受质询以及政策执行效果的报告总结，在

政策执行前充分明确各相关职能部门的权责界限和政策执行目标，为促进大学生就业政策的有效落地奠定坚实的基础。同时进驻各职能部门的纪委监察组应充分发挥"嵌入式"监督的有利之处，建立从政策出台到落地实施的全方位全流程的监督体系。通过建立重难点问题台账、制定监督清单，对社保减免政策、中小企业的扶持政策、稳岗就业政策和高校毕业生创业服务政策的落实进行监督。

除此之外，促进高校毕业生就业的政策有没有真正落到实处，毕业生最有发言权并具有最切合实际的意见反馈。监察机关应保证监督举报热线的通畅及网上监督平台实时更新。针对促就业政策落实中存在的政府相关职能部门的不作为和少作为现象，需从各个渠道收集相关的资料和信息，进行综合分析后，及时要求相关职能部门进行督办解决，并及时回应社会关切，保证举报有反馈、举报有解决，举报有整改，鼓励广大毕业生、高校和企业参与到政策落实的监督工作中。

（二）发挥一站式监督的优势

为完善监督机制，实现对各职能部门在高校毕业生促就业政策落实过程中的有效监督，纪委监察机关应充分发挥"点对点"一站式监督的强大优势。针对选择自主择业、自主创业、对口就业和暂缓就业的所有毕业生，各级纪检监察部门需按照促就业政策制定各项"时间表"和"实施路线图"，对政策执行的各项进程和时间节点进行把控和密切监督，努力解决促就业政策落实中的困难和瓶颈问题。必要时需开展"点对点""一对一"的监督抽查，核实各职能部门对促就业政策落实的执行进度，对于执行力度不强、明显怠工的部门或责任人应给予相关处置。监察机关应向人力资源和社会保障局、财政局和就业办公室等部门不定期地派驻工作组，监督其对就业稳定政策和企业支持政策的落实效果。为确保"政策红包"切实有效地实施和落地，各级纪委监督部门要深入一线进行走访调查，充分了解企业现阶段的岗位分布情况和求职人员的个人能力和求职意愿，同时加强同发展改革委、财政局、审计局和派驻的各巡察组等部门的相互配合，充分建立起信息共享、信息交流、线索传递、研讨协商等合作机制，及时有效地解决促就业政策在落实中的各项突出问题，充分保障促就业政策的实施效果。中小企业是毕业生就业时的主要去向，只有保证促进中小企业发展的各项扶持政策得到有效落实，才能最大限度地发挥其对毕业生就业的促进作用。对中小企业的融资和资金扶持是其发展和成长的关键。

（三）加强对高校就业质量的监督评估

完善高校毕业生就业政策落实的监督体系需要各地教育局加强对高校就业推进工作的监督和评估，重点是高校毕业生的就业率、就业质量和毕业生与雇主双方的满意度。教育局和社会通常使用就业率来衡量高校毕业生就业情况的优劣，因此，高校非常重视就业率，要求毕业生尽可能地签订就业合同。

鉴于存在一些高校毕业生随意签订就业合同，只是为了满足学校的规定，所以高校的就业率能否真实反映毕业生的就业状况是有待商榷的。教育局在评估高校的办学质量和办学能力时，不应该仅仅评估就业率这单一指标，更应把专业对口率、毕业生薪酬、毕业生和雇主满意度和工作年限纳入考核监督指标，全面评估该校毕业生的就业质量。对于就业质量不达标的高校和所开设的某些专业，应要求其调整毕业生的培养规划并积极实施专业动态调整，及时撤销市场饱和专业。教育局在对高校的实际考核中，可以借助第三方评估机构，对高校毕业生的就业质量进行跟踪调查，保证评估的准确性和客观性。对于第三方评估机构给出就业质量不达标结论的高校，教育局有责任和义务督促其进行专业调整或人才培养方式调整。大学生在学校期间通过参加相关个人技能培训来获得相应的技能证书，这对于其毕业后的求职就业具有重要的意义，但教育局应当根据行业需要对高校毕业生必需的技能证书或技能认定做出明确规定，避免大学生为了获得各类证书而参加各类培训班，但获得的证书却没有实际的用处，导致大学毕业生时间和金钱的浪费。

参 考 文 献

［1］ 许勤，周焕月．大学生职业生涯规划与发展［M］．西安：西安交通大学
出版社，2016．

［2］ 黄诚，唐梦丽．大学生职业规划与就业创业指导［M］．北京：中国纺织
出版社，2017．

［3］ 龚芸，辜桃．大学生职业取向与职业规划［M］．北京：中国社会出版社，
2017．

［4］ 胡慧远，吴健．大学生职业生涯与发展规划［M］．北京：中国言实出版
社，2018．

［5］ 王林，王天英，杨新惠．大学生职业生涯与就业指导［M］．北京：中国
铁道出版社，2018．

［6］ 吕博．大学生职业发展与就业能力培养［M］．天津：天津科学技术出版
社，2018．

［7］ 刘梅月，王斌．大学生职业生涯规划与发展［M］．济南：山东人民出版
社，2018．

［8］ 陈磊．大学生职业发展教育［M］．重庆：重庆大学出版社，2018．

［9］ 柳森，杨冬吉，于永海．大学生职业发展与就业创业指导［M］．北京：
北京理工大学出版社，2018．

［10］ 林学军，郑慧娟．大学生职业规划与就业指导教程［M］．广州：暨南
大学出版社，2018．

［11］ 舒卫华．大学生职业生涯发展与就业指导［M］．武汉：华中科技大学
出版社，2018．

［12］ 范东亚，谭荣．大学生职业生涯规划与创新创业教育［M］．重庆：重
庆大学出版社，2019．

［13］ 李宪平，郭海峰．大学生职业生涯与就业指导［M］．哈尔滨：哈尔滨
工业大学出版社，2019．

［14］ 冉启兰，陈星，胡雷，等. 大学生职业生涯规划与发展［M］. 重庆：重庆大学出版社，2019.

［15］ 顾定红，徐宏俊，孙蕾. 大学生职业规划与就业创业"5G"体验式教程［M］. 北京：北京理工大学出版社，2019.

［16］ 李新宇. 大学生职业规划与创新创业［M］. 北京：中国书籍出版社，2020.

［17］ 刘小庆，王村芳. 大学生职业生涯规划与发展［M］. 北京：北京工业大学出版社，2019.

［18］ 李农. 大学生职业生涯规划适应能力研究［M］. 长春：吉林人民出版社，2019.

［19］ 逄晓娟. 大学生职业发展研究［M］. 沈阳：辽宁大学出版社，2020.

［20］ 林清兰，陈良波. 新时代大学生职业生涯规划能力培养的途径分析［J］. 科技视界，2020（36）：89-90.

［21］ 丁超. 大学生职业生涯规划存在的问题及对策［J］. 人力资源，2020（24）：72-73.

［22］ 万晨旭. "互联网+"时代大学生职业生涯规划的影响因素及策略研究［J］. 就业与保障，2020（23）：60-61.

［23］ 赵洪涛，孙健，安锦丹. 大学生职业生涯规划的必要性和好处［J］. 科技资讯，2020，18（33）：223-225.

［24］ 麻耀华，王东盈. "双创"背景下大学生职业生涯规划教育模式研究［J］. 现代交际，2020（21）：27-29.

［25］ 石柳清. 新形势下大学生职业生涯规划管理对策探析［J］. 商讯，2020（29）：191-192.

［26］ 刘文. 基于OBE理念下辅导员引领大学生职业生涯规划实践研究［J］. 科技视界，2020（27）：169-170.

［27］ 高帆. 新形势下大学生职业生涯规划与就业创业探讨［J］. 就业与保障，2020（15）：65-66.

［28］ 李衡荣. 高校辅导员开展大学生职业生涯规划教育的路径探究［J］. 文化创新比较研究，2020，4（23）：70-72.